基本にカエル英語の本

英文法入門 ［レベル１］

ISHIZAKI Hideho
石崎秀穂

スリーエーネットワーク

読者と一緒につくった
わかりやすい英文法の本

　本書をパラパラとめくってみてください。そして，他の英文法の本と見比べてください。「不定詞の名詞的用法」，「自動詞」，「従属節」などのような「難しい言葉」は，「基本にカエル英語の本」には全然登場しません。

　英文法の本なのに，英語は少なく，「イラスト」や「日本語」ばかり目につくのではないでしょうか。また「教え方」も独特で，他の英語の本とは違うことに気がつくと思います。なぜ，このように他の英語の本とは違う「教え方」になっているのでしょうか。

　話は塾講師時代にまでさかのぼります。

　塾講師をしていたとき，はじめは，他の英語の本と同じように教えていましたが，どんなに丁寧に説明しても「わからない」という声がでてくるのです。

　そこで，「どこが，どのようにわからないのか」を追究して，教え方を改善していくうちに，気がつけば他の英語の本とは全く違う教え方になっていたのです。

　すると，どうでしょうか。「わからない」という声は激減していきました。つまり，生徒の声を取り入れて，教え方を「進化」させればさせるほど，よりわかりやすくなるということに気がついたのです。

　しかし，塾講師や学校の先生だと，多くても1年で200人くらいにしか教えることができません。このままだと「井の中の蛙」で終わると思った私は，より多くの人の意見を聞くことができるホームページを作成することにしました。

　ホームページでも，各レッスンの，「どこが」，「どのように」わかりにくいのか，読者の意見を積極的に取り入れるようにしました。すると，人気がでてきて，1日3000アクセス数，トップページだけで80万アクセス数，関連のメールマガジンは1万部に成長したのです。

　実は，ホームページはまだ完成していません。まだまだ取り入れるべき「生徒・読者の声」があります。それらを取り入れた「現時点で最高の教え方を詰め込んだもの」を公開しようと思っていたら，幸いにも「企画のたまごやさん」と「スリーエーネットワークさん」のおかげで出版の機会が得られました。そして本書が出来上がったというわけです。

　本書には「学校英語からの脱却」のような高尚な目的はなく，単に「勉強する人達の意見を取り入れて作ってきた」だけですが，「わかりやすさ」「英語が苦手な人の立場にたつ」ことにおいては，他のどの本にも負けない自信があります。本書が皆様の英語学習に少しでも役立つと幸いです。

2007年6月

石崎 秀穂

目次 contents

- **2** 読者と一緒につくったわかりやすい英文法の本
- **7** 本書の特長
- **8** 本書の使い方／キャラクター紹介

HOP

- **10** **Lesson1** 主語とは？ 〜日本語で考える
  ケロ蔵が走っている。
- **13** **Lesson2** 目的語とは？ 〜日本語で考える
  ケロ蔵は歌を歌っている。
- **16** **Lesson3** 動詞とは？ 〜日本語で考える
  ピョン太郎は体を洗う。
- **19** **Lesson4** 補語とは？ 〜日本語で考える
  ピョン太郎は先生です。
- **22** **Lesson5** 主語，動詞，目的語，補語を見つけるコツ
  ケロ蔵はたくましい。
- **26** まとめ 〜主語，動詞，目的語，補語って何？

- **28** **Lesson6** 日本語の語順と英語の語順
  私は本を読む。
- **32** **Lesson7** 主語・動詞・目的語のある英語の文
  私は野球をする。 第3文型
- **36** **Lesson8** 主語・動詞・補語のある英語の文
  ケロ蔵は学生です。 第2文型
- **42** **Lesson9** 主語と動詞だけの英語の文
  私は走る。 第1文型
- **46** まとめ 〜英語の語順 3タイプ

- **48** **Lesson10** 人の名前を英語にする
  ピョン太郎は野球をする。 名詞
- **52** **Lesson11** 物の名前を英語にする
  ケロ蔵はペンを買う。 名詞

58	**Lesson12**	人や物の英単語を，代わりの英単語に置き換える
		彼はボールを持っている。 `代名詞`
60	**まとめ ～「名詞」「代名詞」を英語にする手順**	
62	**Lesson13**	主語によって動詞の姿が変わる!?
		ケロ蔵は野球をする。 `3人称単数現在`
68	**Lesson14**	動詞のing形「～している（ところ）」
		私は野球をしている。 `現在進行形`
72	**Lesson15**	「be＋ing形」にできない動詞
		私はケロ蔵を知っている。
78	**まとめ ～「動詞」を英語にする方法**	

STEP

80	**Lesson16**	動詞を「～すること」にする
		走ること `不定詞` `動名詞`
82	**Lesson17**	「～すること」を使って英文をつくる①
		私は泳ぐことが好きです。 `不定詞` `動名詞`
85	**Lesson18**	「～すること」を使って英文をつくる②
		教えることは難しい。 `不定詞` `動名詞`
90	**まとめ ～「to＋動詞」と「動詞のing形」**	
94	**Lesson19**	名詞をくわしくする！～形容詞～
		赤い花
96	**Lesson20**	形容詞を使って英文をつくる①
		ケロ蔵は赤い車を運転している。
99	**Lesson21**	形容詞を使って英文をつくる②
		ゴルフは面白い。
101	**まとめ ～形容詞の使い方**	
104	**Lesson22**	動詞を助ける!?～助動詞～
		私はギターを弾くことができる。
108	**Lesson23**	助動詞を使って英文をつくる①
		ピョン太郎は歌を歌うことができる。
113	**Lesson24**	助動詞を使って英文をつくる②
		ケロ蔵は病気かもしれない。

119 まとめ 〜助動詞の使い方

120 **Lesson25** 過去のおはなし①〜be動詞のある文〜
ケロ蔵は病気でした。

124 **Lesson26** 過去のおはなし②〜動詞のある文〜
ピョン太郎はテニスをした。

129 **Lesson27** 未来のおはなし
ピョン太郎はバレーボールをするでしょう。

133 まとめ 〜現在を, 過去と未来にする

JUMP

136 **Lesson28** 「…を〜すること」〜「to＋動詞」の応用〜
本を読むこと

140 **Lesson29** 「…を〜すること」の応用〜目的語として使う〜
ピョン太郎は音楽を聞くことが好きです。

143 **Lesson30** 「…を〜すること」の応用〜主語として使う〜
野球をすることは面白い。

150 まとめ 〜「〜すること」の使い方

151 **Lesson31** 「動詞のing形」の応用 〜形容詞として使う〜
音楽を聞いている少年 現在分詞

156 **Lesson32** 名詞＋＜形容詞的な動詞のing形＞
〜目的語として使う〜
私はサッカーをしている少年を見た。 現在分詞

160 **Lesson33** 名詞＋＜形容詞的な動詞のing形＞
〜主語として使う〜
ボールを投げている少年はケロ蔵です。 現在分詞

166 まとめ 〜「動詞のing形」を生かして使う方法

覚えよう!

170 be動詞の変化 主語によって, 時によって CD30
172 代名詞 CD31
174 3人称単数現在 sのつけ方
176 動詞のing形のつくり方
178 助動詞 CD32

180 動詞の過去形を規則的につくる
182 動詞の過去形　不規則変化① `CD33`
184 動詞の過去形　不規則変化② `CD34-35`
186 ［レベル１］収録全英文 `CD2-29`

●ボーナストラック
アメリカ人DJ・Josephの英文法重要ポイント解説 `CD36-66`
(→ p.169)

本書の特長

「09101974，11031972，03062006 を覚えてほしい」と言われても，なかなか覚えられないのではないでしょうか。

しかし，「数字はすべて，月，日，年の順になっていて，それぞれ誕生日を表している。たとえば09101974は，09月10日1974年で，ヒデ君の誕生日だ。」という風に，どういう数字なのか「理解」できれば，覚えるのも苦にならないと思います。

つまり，覚えることよりも，「理解」することの方が重要だと私は考えています。そこで，「理解」しやすくするために，本書では以下の3つの工夫をしています。

1. 英単語は，すべて「ヒント」に掲載しています。全く英単語を覚えていなくても，本を読み進めることができるので，「理解」することに集中できます。

2. 「理解すべきこと」と「覚えるべきこと」を切り離すために，「覚えるべきもの」は一番最後にまとめています。まずは「理解」することに集中してください。理解できた後に暗記すると覚えやすくなります。

3. 本当に理解できたかどうかを確認できるように，レッスンの後には「確かめよう！」や「まとめ」があります。実際に問題を解くと，「わかったと思っていたけど，実は理解できていなかった」と気がつくことがあるので，「確かめよう！」にある問題は全て解くようにしてください。

本書の使い方

1. 多少わからないところがあっても読み飛ばして,とりあえず全ページに目を通してください。なお,英単語や暗記すべきものはすぐに覚えなくてもいいですが,「確かめよう!」の問題は解いて,間違えた問題は必ず「チェック」するようにしてください。

2. 「確かめよう!」でチェックが入っているレッスンを中心に,ジックリ読み直してください。この時,なぜ間違えたのかを考えながら読むといいでしょう。

3. 「まとめ」と「確かめよう!」のチェックが入っている問題を中心に読み直してください。

4. 「覚えよう!」にあるものは,なるべく覚えてください。

5. **CD2-29** には,出てきた英文と日本語訳が全て収録されています。

6. **CD30-35** には,「覚えよう!」の暗記事項が収録されています。

7. **CD36-66** はボーナストラックです。アメリカ人DJのジョゼフが,日本語で本書の重要事項を解説しています。本を開かなくても,聞くだけで復習できるようになっています。 (→ p.169)

キャラクター紹介

ケロ蔵
(Kerozo)
「食べること」「歌うこと」「踊ること」が大好き。勉強や運動は苦手。

ピョン太郎
(Pyontaro)
勉強も運動も,そつなくこなす。さわやかな性格で,カエル王国では大人気。

HOPでは文の骨格となる「主語,動詞,目的語,補語」について学習します。「主語,動詞,目的語,補語」を見つけられるようになりましょう。また英語の「語順」を覚えて,簡単な英作もできるようになりましょう。

LESSON 1 主語とは？ 〜日本語で考える

Q 「誰が」走っているのでしょうか？
日本語の例文で考えてみましょう。

ex ケロ蔵が走っている。

レクチャー 1.「主語」って何？

答えは「ケロ蔵が」ですね。

「ケロ蔵が」のように，「誰は」「誰が」「何は」「何が」の部分を「主語」といいます。

今後，この本では，「バケツ」に言葉を入れて文法を説明します。

文の中で主語を見つけたら，頭の中で，主語を「主語のバケツ」に放りこむようにしてください。

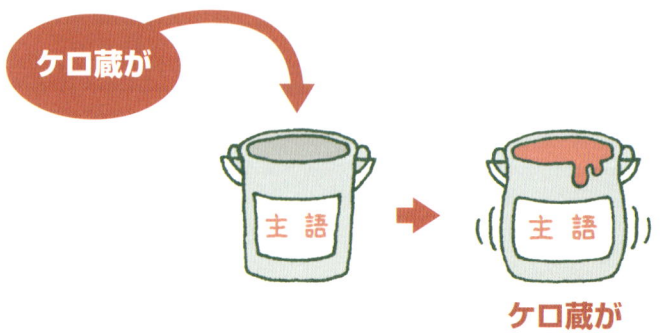

レクチャー2.「主語」を見つける

では,「黄色い車が走っている」という文の「主語」は何でしょうか。

「車が」と思った人も多いと思いますが,「車が」が答えだと「赤い車」が走っているのか,「黄色い車」が走っているのか,「青い車」が走っているのかわかりません。赤い車でも青い車でもなく「黄色い車が」走っているのです。

よって,答えは「黄色い車が」になります。

※この本では「主部」を「主語」といっています。

確かめよう！

日本語の例文から「主語」を見つけて,日本語で答えてください。

1. 彼はテレビを見ている。

2. あの人は,今,ロサンゼルスに住んでいる。

3. 青い花が咲いている。

4. 昨日,彼女は10分だけ英語を勉強した。

5. 見知らぬ男性が店に入ってきた。

 # 答え

1. **彼は**

2. **あの人は**

3. **青い花が**

4. **彼女は**

5. **見知らぬ男性が**

ポイント
・5：「誰が」店に入ってきたのか考えてみましょう。

全然ダメだぁ〜 どうすればいいんだぁ〜！

主語を見つけるには，文章を見ながら「誰が［は］？」「何が［は］？」と問いかけてみるといいよ。

LESSON 2 目的語とは？
～日本語で考える

Q ケロ蔵は「何を」歌っているのでしょうか？
日本語の例文で考えてみましょう。

ex ケロ蔵は歌を歌っている。

レクチャー 1.「目的語」って何？

答えは「歌を」ですね。
「歌を」のように「誰を」「誰に」「何を」「何に」の部分を「目的語」といいます。

文の中で目的語を見つけたら，頭の中で，目的語を「目的語のバケツ」に放りこむようにしてください。

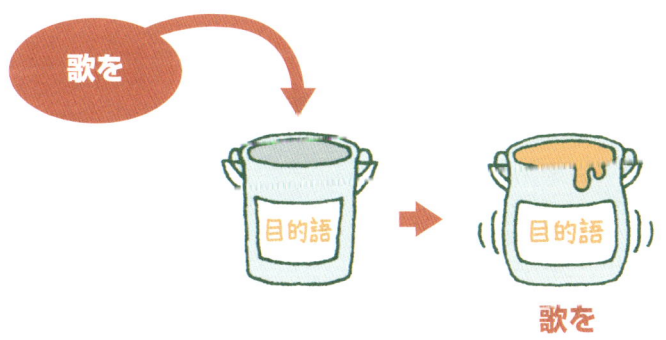

レクチャー2．「目的語」を見つける

では，「私は面白い本を持っている」という文の「目的語」は何でしょうか。

「本を」と思った人も多いと思いますが，「本を」が答えだと，私が買ったのは「面白くない本」なのか，「面白い本」なのかわかりません。面白くない本ではなく「面白い本」を買ったのです。

よって，答えは「面白い本を」になります。

確かめよう！

日本語の例文から「主語」と「目的語」を見つけて，日本語で答えてください。

1. 彼は野球をしていた。

2. 1年前に，私はテレビを購入した。

3. 背の高い青年が水を飲んでいます。

4. 美帆は，昨日，新しいパソコンを壊してしまった。

5. 綺麗な花が咲いています。

答え

1. 主語：**彼は** 　　　　目的語：**野球を**

2. 主語：**私は** 　　　　目的語：**テレビを**

3. 主語：**背の高い青年が** 　目的語：**水を**

4. 主語：**美帆は** 　　　　目的語：**新しいパソコンを**

5. 主語：**綺麗な花が** 　　目的語：なし

❗ ポイント

・5にひっかかったのではないでしょうか。5のように目的語がない文章もあります。文中には，必ず目的語があるわけではないことを覚えておいてください。

目的語も難しいなぁ〜どうすればいいんだぁ〜

目的語を見つけるには，文章を見ながら「誰を [に]？」「何を [に]？」と問いかけてみるといいよ。

LESSON 3 動詞とは？ 〜日本語で考える

Q ピョン太郎は体を「どうする」のでしょうか？
日本語の例文で考えてみましょう。

ex ピョン太郎は体を洗う。

レクチャー 1.「動詞」って何？

答えは「洗う」ですね。
「洗う」のように「どうする」の部分を「動詞」といいます。

　文の中で動詞を見つけたら，頭の中で，動詞を「動詞のバケツ」に放りこむようにしてください。

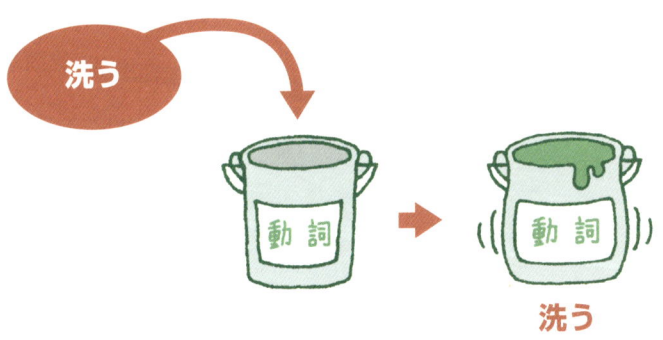

レクチャー2．「動詞」を見つける

では，「彼はボールを投げる」という文の「動詞」はどれでしょうか。

「ボールを投げる」と思った人も多いと思いますが，「ボールを」の部分は「何を」にあたる「目的語」です。問題文では「動詞」だけを探さなければならないので，答えは「投げる」になります。

このように動詞を見つけるとき，「目的語」を含めないように注意しましょう。

確かめよう！

次の日本語の例文から，「主語」，「目的語」，「動詞」を見つけて，日本語で答えてください。

1. 彼女は本を読む。

2. 昨日，私は野球をした。

3. スーツ姿の男性が真っ赤な花を買いました。

4. 赤い車が走っている。

 答え

1. 主語：**彼女は**　目的語：**本を**　動詞：**読む**

2. 主語：**私は**　目的語：**野球を**　動詞：**した**

3. 主語：**スーツ姿の男性が**　目的語：**真っ赤な花を**　動詞：**買いました**

4. 主語：**赤い車が**　目的語：なし　動詞：**走っている**

ポイント

・1：答えを「動詞：本を読む」とした人もいるかもしれませんが、「本を」は「目的語」です。このように、動詞を探すとき、動詞に目的語を含めて「目的語＋動詞」とならないようにしましょう。

> 動詞を見つけるには、文章を見ながら「結局、どうするの？」と問いかけるといいんだなぁ？

> そうだね。ただし、そのとき「目的語」が入らないようにしないとね。

LESSON 4 補語とは？
〜日本語で考える

Q 「主語」と「です」で，はさまれている言葉は何でしょうか？
日本語の例文で考えてみましょう。

ex ピョン太郎は先生です。

レクチャー．「補語」って何？

主語は「ピョン太郎は」ですね。
主語である「ピョン太郎は」と「です」で，はさまれている言葉は「先生」なので，答えは「先生」になります。

主語	ここが答え！	です
ピョン太郎は	先生	です。

「先生」のように「主語」と「です」ではさまれた言葉を「補語」といいます。

文の中で補語を見つけたら、頭の中で、補語を「補語のバケツ」に放りこむようにしてください。

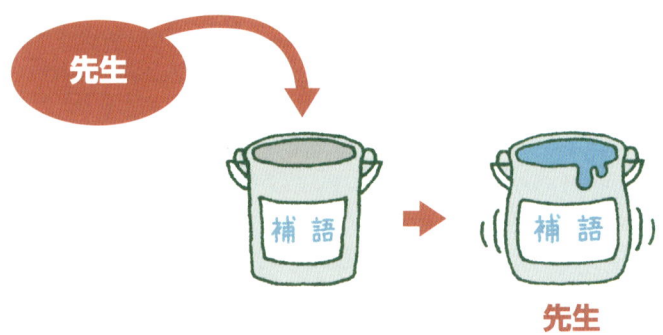

 確かめよう！

次の日本語の例文から、「主語」と「補語」を見つけて、日本語で答えましょう。

1. 彼の車はカッコいいです。

2. 彼の彼女は綺麗だ。

3. あの人の名前はケロ蔵です。

4. この食べ物はおいしいです。

5. これは古い時計です。

答え

1. 主語：**彼の車は**　　補語：**カッコいい**

2. 主語：**彼の彼女は**　　補語：**綺麗**

3. 主語：**あの人の名前は**　補語：**ケロ蔵**

4. 主語：**この食べ物は**　　補語：**おいしい**

5. 主語：**これは**　　　　補語：**古い時計**

❗ ポイント
- 2：文末の「〜だ」を「〜です」と言い換えてみましょう。言い換えても意味が通る文章なら「主語」と「だ」で、はさまれた言葉が「補語」になります。

補語って難しいなぁ〜オラにもできるかなぁ〜

「主語」と「です」で、はさまれた言葉が補語と覚えておくといいよ。もし、自信がないなら何度も「確かめよう！」を解くといいよ。

LESSON 5 主語，動詞，目的語，補語を見つけるコツ

Q 主語，動詞，目的語，補語を見つけて日本語で答えましょう。

ex ケロ蔵はたくましい。

レクチャー 1. 主語，動詞，目的語，補語を見つけるコツ

主語は「ケロ蔵は」ですね。でも「たくましい」は何なのでしょうか。そこで，主語，動詞，目的語，補語を見つける「コツ」を紹介します。このコツを覚えれば，もう迷わなくなりますよ。

文末に「です」があれば，文には「補語」があります。文末に「です」がないなら，文末に「です」をつけてみて，自然な文章なら，文中に「補語」があります。不自然な場合は，その文には「補語」はありません。

つまり，「です」がつく文章はすべて「補語」があるというわけですね。これをしっかり覚えておいてください。

> ※ただし例外もあります。
> ここで覚えておいてほしい例外は「好き」「欲しい」「〜しているところ」です。この3つがある文には「です」をつけることができますが，補語はありません。

では，実際にやってみましょう。

▶ **ケロ蔵はたくましいです。**

問題文の文末に「です」をつけても不自然ではないので，この文には「補語」があります。よって，「たくましい」が補語になります。答えは次のようになりますね。

レクチャー 2. 主語，動詞，目的語，補語を見つける

では，「ケロ蔵はダンベルを持っている」という文の主語，動詞，目的語，補語はどれでしょうか。

文末に「です」がないので，文末に「です」をつけてみます。

▶ **ケロ蔵はダンベルを持っているです。**

かなり不自然な文章になります。というわけで，この文章には補語はありません。つまり，答えは以下のようになります。

確かめよう！

次の日本語の例文から「主語」,「動詞」,「目的語」,「補語」を見つけて，日本語で答えましょう。

1. 彼のおじさんは芸術家です。
2. 彼は野球をした。
3. 犬が走っている。
4. その本は面白い。
5. 彼は新しい本を持っている。
6. 彼女の父親はテレビを見ている。
7. その川は汚い。
8. 彼のおばさんは歩いている。
9. その花は綺麗だ。
10. 彼は古い本を売った。
11. 彼が売った本は古い。
12. マイクは花子が好きです。
13. 私の弟はプレステが欲しい。

答え

1. 主語：**彼のおじさんは**　補語：**芸術家**
2. 主語：**彼は**　目的語：**野球を**　動詞：**した**
3. 主語：**犬が**　動詞：**走っている**
4. 主語：**その本は**　補語：**面白い**
5. 主語：**彼は**　目的語：**新しい本を**　動詞：**持っている**
6. 主語：**彼女の父親は**　目的語：**テレビを**　動詞：**見ている**
7. 主語：**その川は**　補語：**汚い**
8. 主語：**彼のおばさんは**　動詞：**歩いている**
9. 主語：**その花は**　補語：**綺麗**
10. 主語：**彼は**　目的語：**古い本を**　動詞：**売った**
11. 主語：**彼が売った本は**　補語：**古い**
12. 主語：**マイクは**　目的語：**花子が**　動詞：**好きです**
13. 主語：**私の弟は**　目的語：**プレステが**　動詞：**欲しい**

! ポイント

- 文末に「です」があるか，「です」をつけて不自然でなければ，文中に「補語」があります。1，4，7，11は，「です」があるか，「です」をつけても不自然ではないので，文中に補語があります。9は「だ」になっていますが，「です」と言い換えることができるので，文中に補語があります。
- ただ，「好きです」「欲しい」は例外で，「です」をつけることができても，文中に補語はありません。よって，12と13には補語はありません。12，13の目的語の形は，35ページで確認しましょう。

 まとめ

主語, 動詞, 目的語, 補語って何？

- 「誰は」「誰が」「何は」「何が」の部分を主語といいます。
  (→ p.10)
- 「誰を」「誰に」「何を」「何に」の部分を目的語といいます。
  (→ p.13)
- 「どうする」の部分を動詞といいます。(→ p.16)
- 「主語」と「です」ではさまれている言葉を補語といいます。
  (→ p.19)

＜重要ポイント＞

1. 文章の最後が「〜だ」の場合，「〜だ」の部分を「〜です」と言い換えてみて自然な文章なら，文中に「補語」があります。(→ p.21)

2. 文末に「です」をつけて自然な場合は，文中に「補語」があります。「です」をつけて不自然になると文中には「補語」はありません (→ p.23)。

ケロ蔵はピョン太郎の友達です。

ケロ蔵は　　　ピョン太郎の友達　　　です

ケロ蔵は英語の本を読んでいます。

ケロ蔵は　　　英語の本を　　　読んでいます

ようやく
わかってきたぞぉ〜
オラはもう寝るぞぉ〜

ここまでの話が一番
重要なんだけどな〜
後で困っても知らないよ。

LESSON 6 日本語の語順と英語の語順

Q 語順を考えて,英語の文をつくりましょう。

ex 私は本を読む。

HINT 私は：I　本を：a book　読む：read

レクチャー 1. 日本語の語順

　日本語を英語にするときに最も重要なのは「語順」です。語順というのは「主語,動詞,目的語,補語をどのようにならべるのか」ということです。

　少し難しいですね。くわしく説明していきます。

　まず,問題文の日本文から,主語,動詞,目的語,補語をさがしてください。

　「誰が」本を読むのでしょうか。そうですね。「私」ですね。つまり,主語は「私は」になります。

私は「何を」読むのでしょうか。そうですね。「本を」読むのですね。つまり，目的語は「本を」です。

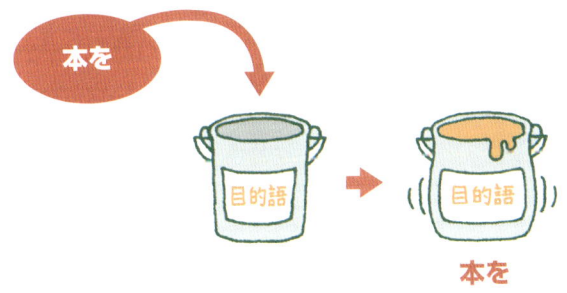

私は本を「どうする」のでしょうか。そうですね。「読む」のですね。つまり，動詞は「読む」です。

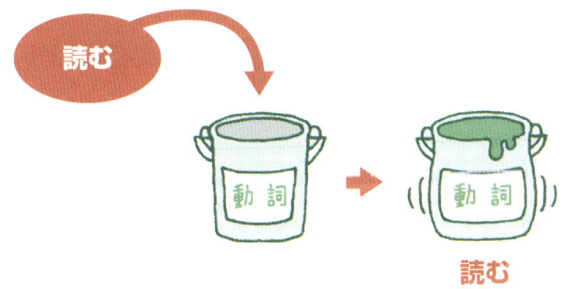

このように，日本語では「主語＋目的語＋動詞」の語順になっていることがわかると思います。

レクチャー 2. ＜日本語＞と＜英語＞の語順を比べる

🔴 ＜日本語＞

この日本語の語順と同じように，英語の語順を I a book read. にしていいのでしょうか。

この答えは間違いです。

どこが，間違いなのでしょうか？　それは「言葉のならび順」です。つまり，英語では，言葉を「主語＋目的語＋動詞」の順に並べずに，「誰が」「どうする」「何を」というように，「主語＋動詞＋目的語」の語順にしなければならないのです。

そこで、日本語の語順でならべたバケツを英語の語順にならべてみます。

＜英語＞

よって、答えは I read a book. になります。

このように日本語と英語では「語順」が違います。この語順の違いを意識できるようになると英語がわかるようになります。

覚えよう！

手順を覚えると、日本語を英語にすることができます。

手順1：主語、動詞、目的語、補語を見つける
手順2：英語の語順にならべて、それぞれを英語にする

＜日本語＞　　　　　　　　　＜英語＞
誰が ＋ 何を ＋ どうする → 誰が ＋ どうする ＋ 何を

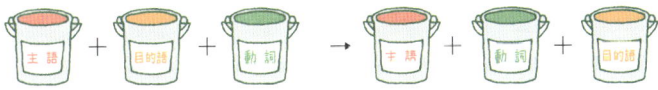

LESSON 7 主語・動詞・目的語のある英語の文

Q 「誰が」「何を」「する」のか考えて，英語の文をつくりましょう。

ex 私は野球をする。

HINT 私は：I　野球を：baseball　する：play

手順 1. 主語，動詞，目的語，補語を見つける

「誰が」野球をするのでしょうか。そうですね。「私」ですね。つまり，主語は「私は」です。

私は「何を」するのでしょうか。そうですね。「野球を」するのですね。つまり，目的語は「野球を」です。

私は野球を「どうする」のでしょうか。そうですね。「する」のですね。つまり、動詞は「する」です。

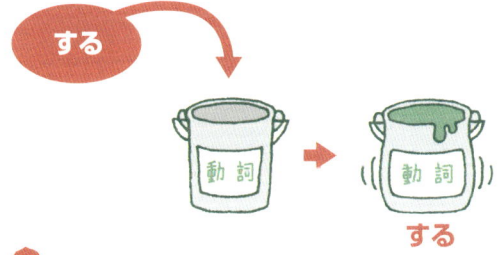

手順2. 英語の語順にならべて、それぞれを英語にする

🔴 <日本語>

日本語の場合は「誰が」「何を」「どうする」というように、「主語＋目的語＋動詞」の語順ですが、英語の場合は「主語＋動詞＋目的語」の語順になるのですね。

よって、答えは I play baseball. になります。

 確かめよう！

英語の文をつくりましょう。

1. 私はその窓を開ける。
2. あなたは英語を勉強する。
3. 私はその店に入る。
4. 私は写真をとる。
5. 私は飛行機の模型を買う。
6. 私は野球が好きです。
7. あなたは英語を教える。

HINT ヒント

1. 私は：I　その窓を：the window　開ける：open
2. あなたは：You　英語を：English　勉強する：study
3. 私は：I　その店に：the shop　入る：enter
4. 私は：I　写真を：a picture　とる：take
5. 私は：I　飛行機の模型を：a model plane　買う：buy
6. 私は：I　野球が：baseball　好きです：like
7. あなたは：You　英語を：English　教える：teach

A 答え

1. **I open the window.**
2. **You study English.**
3. **I enter the shop.**
4. **I take a picture.**
5. **I buy a model plane.**
6. **I like baseball.**
7. **You teach English.**

❗ ポイント

・まず,「主語,動詞,目的語」を見つけます。
・それを英語の語順(主語+動詞+目的語)にならべて,それぞれを英語にすれば答えになります。

1. 主語:私は　　　目的語:その窓を　　　　動詞:開ける
2. 主語:あなたは　目的語:英語を　　　　　動詞:勉強する
3. 主語:私は　　　目的語:その店に　　　　動詞:入る
4. 主語:私は　　　目的語:写真を　　　　　動詞:とる
5. 主語:私は　　　目的語:飛行機の模型を　動詞:買う
6. 主語:私は　　　目的語:野球が　　　　　動詞:好きです
7. 主語:あなたは　目的語:英語を　　　　　動詞:教える

・6の「好き」「欲しい」のときは,「誰を[に]」「何を[に]」の部分が「誰が」「何が」になることもありますが,「目的語」です。つまり「野球が」になっていますが,ここは目的語です。この場合はこうなんだよと,そのまま覚えてしまいましょう。(→p.25)

LESSON 8 主語・動詞・補語のある英語の文

Q 「です」の形に注意して，英語の文をつくりましょう。

ex ケロ蔵は学生です。

HINT ケロ蔵は：Kerozo　学生：a student

手順 1. 主語，動詞，目的語，補語を見つける

「誰が」学生なのでしょうか。そうですね。「ケロ蔵」ですね。つまり，主語は「ケロ蔵は」です。

ケロ蔵は
主語 ➡ 主語
ケロ蔵は

この文には「です」がありますよね。「主語」と「です」の間にはさまれている「学生」が，補語です。

学生
補語 ➡ 補語
学生

手順2. 英語の語順にならべて，それぞれを英語にする

○ ＜日本語＞

日本語の問題文は「主語＋補語＋です」の語順になっています。

主語	補語	です
ケロ蔵は	学生	です

＜英語＞

英語では，「主語＋です＋補語」の語順になります。

主語	です	補語
ケロ蔵は	？	学生
↓		↓
Kerozo		a student

では，「です」をどのように英語にすればいいのでしょうか。「です」を英語でいいたい場合には be という「動詞」（「be動詞」といいます）を使います。

▶ **Kerozo be a student.**

ただ、このbe動詞は、八方美人なところがあり、主語によって形をコロコロ変えます。この例文の場合、主語が Kerozo なので、be動詞は is に姿を変えます。

▶ **Kerozo is a student.**

答えは Kerozo is a student. になります。

<重要ポイント>

「be動詞」は、主語によって姿を変えます。
どのような主語のとき、どのような姿に変えるのかは、170ページにまとめていますので、しっかり覚えてください。

では、「彼女は美しい」を英語にしてみましょう。
(彼女は：She　美しい：beautiful　be動詞：is)

この文章には「です」をつけることができるので、「補語」があります。つまり、次のようになります。

🇯🇵 <日本語>

主語	補語	です
彼女は	美しい	です

🇺🇸 <英語>

主語	be動詞	補語
彼女は	です	美しい
↓	↓	↓
She	is	beautiful

答えは She is beautiful. になります。

確かめよう！

英語の文をつくりましょう。

1. 太郎は先生です。
2. あなたは正直だ。
3. その車は新しい。
4. 彼は病気だ。
5. その花は美しい。
6. その噂は本当です。
7. その宝石は高価です。

ヒント

1. 太郎は：Taro　先生：a teacher　be動詞：is
2. あなたは：You　正直：honest　be動詞：are
3. その車は：The car　新しい：new　be動詞：is
4. 彼は：He　病気：sick　be動詞：is
5. その花は：The flower　美しい：beautiful　be動詞：is
6. その噂は：The rumor　本当：true　be動詞：is
7. その宝石は：The jewel　高価：expensive　be動詞：is

どういう順番で言葉を並べればいいんだっけ？

「主語＋be動詞＋補語」だったよね。be動詞は主語によって形が変わるんだったね。

A 答え

1. **Taro is a teacher.**
2. **You are honest.**
3. **The car is new.**
4. **He is sick.**
5. **The flower is beautiful.**
6. **The rumor is true.**
7. **The jewel is expensive.**

ポイント

手順1：主語，動詞，目的語，補語を見つける

- 1，6，7：文末に「です」があるので，「補語」があります。
- 2，4：文末は「だ」になっていますが，この「だ」は「です」と言い換えることができます。よって「補語」があります。
- 3，5：文末に「です」をつけてみると不自然ではないので，「補語」があります。

手順2：英語の語順にならべて，それぞれを英語にする

- 日本語では「主語＋補語＋です」の語順ですが，英語では『主語＋be動詞＋補語』の語順になるのですね。

LESSON 9　主語と動詞だけの英語の文

Q　「誰が」「どうする」という英語の文をつくりましょう。

ex　私は走る。

HINT　私は：I　走る：run

手順 1. 主語，動詞，目的語，補語を見つける

「誰が」走るのかというと，「私」ですよね。つまり，主語は「私は」です。

私は → 主語 → 主語 私は

私は「どうする」のかというと，「走る」のですよね。つまり，動詞は「走る」です。

走る → 動詞 → 動詞 走る

手順2. 英語の語順にならべて、それぞれを英語にする

<日本語>

日本語の文は、「主語+動詞」の語順になっています。

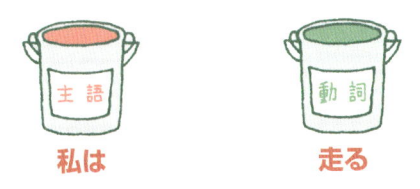

主語 私は **動詞** 走る

では、英語ではどのような語順になるのでしょうか。

<英語>

「主語」と「動詞」だけの文の場合、英語も日本語と同じ「主語+動詞」の語順になります。

主語 私は → I **動詞** 走る → run

答えは I run. になります。

確かめよう！

英語の文をつくりましょう。

1. 私はテレビを見る。
2. 彼は静かだ。
3. 私はその部屋を掃除する。
4. 私はテニスが好きだ。
5. 私は泳ぐ。
6. 私は英語を勉強する。
7. これはリンゴです。
8. 私はトムを知っている。
9. 信号は赤だ。
10. 私は英語を学ぶ。
11. その質問は難しい。

HINT ヒント

1. 私は：I　テレビを：TV　見る：watch
2. 彼は：He　静か：silent　be動詞：is
3. 私は：I　その部屋を：the room　掃除する：clean
4. 私は：I　テニスが：tennis　好きだ：like
5. 私は：I　泳ぐ：swim
6. 私は：I　英語を：English　勉強する：study
7. これは：This　リンゴ：an apple　be動詞：is
8. 私は：I　トムを：Tom　知っている：know
9. 信号は：The traffic light　赤い：red　be動詞：is
10. 私は：I　英語を：English　学ぶ：learn
11. その質問は：The question　難しい：difficult　be動詞：is

A 答え

1. **I watch TV.**
2. **He is silent.**
3. **I clean the room.**
4. **I like tennis.**
5. **I swim.**
6. **I study English.**
7. **This is an apple.**
8. **I know Tom.**
9. **The traffic light is red.**
10. **I learn English.**
11. **The question is difficult.**

> 主語，動詞，目的語，補語を見つけて，「英語の語順」にすれば英語にできるね！

> 英語って難しいイメージがあったけど，並び替えるだけなんだなぁ〜
> オラにも出来そうだぞぉ〜

まとめ
英語の語順 3タイプ

＜英語の文をつくる手順＞

手順1：主語，動詞，目的語，補語を見つける
手順2：英語の語順にならべて，それぞれを英語にする

＜英語の語順＞

これまでに，3タイプの「英語の語順」を学習しました。覚えていますか？

そして，それぞれのタイプを，英文法では「文型」ということにしています。

3つありましたので，第1文型から第3文型までということになりますね。

この3つの文型の英語の語順をしっかり覚えておいてください。

・**第1文型** （→ p.42）

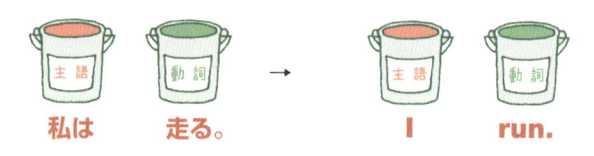

主語	動詞		主語	動詞
私は	走る。	→	I	run.

（日本語）主語 ＋ 動詞 → （英語）主語 ＋ 動詞

・第2文型 (→ p.36)

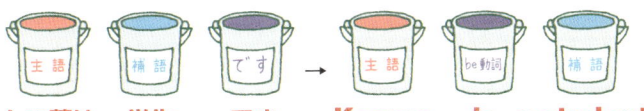

主語 + 補語 + です → 主語 + be動詞 + 補語

ケロ蔵は　学生　です。　　Kerozo　is　a student.

(日本語) 主語＋補語＋です → (英語) 主語＋be動詞＋補語

・第3文型 (→ p.32)

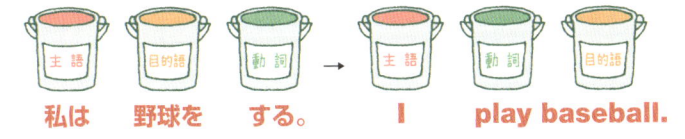

主語 + 目的語 + 動詞 → 主語 + 動詞 + 目的語

私は　野球を　する。　　I　play baseball.

(日本語) 主語＋目的語＋動詞 → (英語) 主語＋動詞＋目的語

※英語の語順は全部で「5タイプ」あります。これまで3タイプ勉強しましたから，残り2つですね。残りは，英文法入門［レベル3］の本で勉強するので，それまではこの3タイプをしっかり覚えておきましょう。

LESSON 10 人の名前を英語にする

Q 人の名前をローマ字にしてから，英語の文をつくりましょう。

ex ピョン太郎は野球をする。

HINT する：plays　野球を：baseball

手順 1. 主語，動詞，目的語，補語を見つける

「誰が」野球をするのでしょうか。そうですね。「ピョン太郎」ですね。つまり主語は「ピョン太郎は」です。

ピョン太郎は → 主語 → 主語 ピョン太郎は

ピョン太郎は「何を」するのでしょうか。そうですね。「野球を」するのですね。つまり目的語は「野球を」です。

野球を → 目的語 → 目的語 野球を

ピョン太郎は野球を「どうする」のでしょうか。そうですね。「する」のですね。つまり動詞は「する」です。

する

→ 動詞 → ((動詞))
　　　　　　　　する

手順 2．英語の語順にならべて，それぞれを英語にする

○ <日本語>

問題文の日本語は「主語＋目的語＋動詞」の語順になっています。

主語	目的語	動詞
ピョン太郎は	野球を	する

<英語>

英語では「主語＋動詞＋目的語」の語順ですね。

主語	動詞	目的語
ピョン太郎は	する	野球を
↓	↓	↓
?	plays	baseball

では「ピョン太郎は」は，どのように英語にすればいいのでしょうか。

＜重要ポイント＞

■ 人の名前（日本名，英語名）を英語にする方法

人の名前（日本名）を英語にするには，「ローマ字で」英語にします。つまり，人の名前（日本名）は，ローマ字を覚えておけば，英語にすることができます。なお，ローマ字は，51ページと57ページを見て，確認しておいてください。

人の名前（英語名）は，「マイク」なら Mike のようにあらかじめ決められた英単語があるので，それを使えばOKです。人の名前（英語名）は新しく出てきたら覚えていくといいでしょう。

ただし1つ注意すべき点があります。人の名前は，常にはじめの文字を「大文字」にします。これだけは覚えておいてください。

以上より，「ピョン太郎」は日本名なので，ローマ字で英語にします。また最初の文字を大文字にして Pyontaro となります。

■ **文のはじめの文字はいつでも「大文字」**

英語で文をつくるとき，注意すべき「決まり」があります。それは，文のはじめの文字はいつでも「大文字にする」ということです。

なお，今回の問題では，先頭に来ているのが人の名前なので，既に大文字になっています。したがって，そのままで大丈夫です。答えは Pyontaro plays baseball となります。

ローマ字を覚えよう！

※続きは57ページ

a : あ	i : い	u : う	e : え	o : お
ka : か	ki : き	ku : く	ke : け	ko : こ
sa : さ	shi : し	su : す	se : せ	so : そ
ta : た	chi : ち	tsu : つ	te : て	to : と
na : な	ni : に	nu : ぬ	ne : ね	no : の
ha : は	hi : ひ	fu : ふ	he : へ	ho : ほ
ma : ま	mi : み	mu : む	me : め	mo : も
ya : や		yu : ゆ		yo : よ
ra : ら	ri : り	ru : る	re : れ	ro : ろ
wa : わ	n : ん			

覚え方 携帯メールの打ち方と同じだよ！

LESSON 11 物の名前を英語にする

Q 英語の文をつくりましょう。

ex ケロ蔵はペンを買う。

HINT ケロ蔵は：Kerozo　買う：buys

手順1. 主語，動詞，目的語，補語を見つける

「誰が」ペンを買うのでしょうか。そうですね。「ケロ蔵」ですね。つまり主語は「ケロ蔵は」です。

ケロ蔵は「何を」買うのでしょうか。そうですね。「ペンを」買うのですね。つまり目的語は「ペンを」です。

ケロ蔵はペンを「どうする」のでしょうか。そうですね。「買う」のですね。つまり動詞は「買う」です。

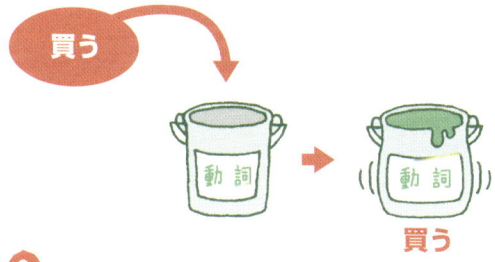

買う → 動詞 → 動詞 買う

手順2. 英語の語順にならべて、それぞれを英語にする

○ <日本語>

問題文の日本語は「主語＋目的語＋動詞」の語順になっています。

主語	目的語	動詞
ケロ蔵は	ペンを	買う

<英語>

英語では「主語＋動詞＋目的語」の語順ですね。

主語	動詞	目的語
ケロ蔵は	買う	ペンを
↓	↓	↓
Kerozo	buys	?

では「ペンを」の部分は，どのように英語にすればいいのでしょうか。

＜重要ポイント＞

■ 物の名前を英語にする方法

　物の名前を英語にするためには，「ペン」なら pen のように決められた英単語があるので，それを使えばOKです。物の名前の英単語は，出てきたときに覚えていくといいでしょう。
　ただし，1つ注意すべき点があります。
　文中では，基本的に，「数えられる」物で，複数あるときは「複数形」にし，複数でないときは，英単語の前に a または the をつけます。
　わかりやすいように，くわしく説明します。

　「ペン」という物は，「1本」「2本」と数えることができますよね。このような，数えられる物の場合は，英単語をそのまま使わないで，次の2点に注意しましょう。

1．物が複数あるときは，その英単語の姿を「複数形」にする

　たくさんの人がいるとき「あの人たち」のように「たち」をつけると思いますが，英語も同じです。
　複数の「物」があるときには，原則として，英単語の後ろに s をつけます。
　たとえば「ペン」が複数ある場合は，pen に s をくっつけて pens にします。

　　※例外もあります。例外は『英文法入門［レベル3］』で解説します。

2. 物が1つのときは，a や the を使う

数えられる物が1つのときは，基本的に，英単語の前に a または the をつけます。たとえば a pen，the pen のような感じです。

ただ，a と the は「ニュアンス」が違います。その意味に，微妙な違いがあります。

どのような違いがあるのかというと，難しいところなので，ここでは簡単に説明します。

ケロ蔵とピョン太郎が会話していて，ケロ蔵が「ペンを買う」といったとします。

" a " の場合

ケロ蔵が買うペンの種類は何でもよくて，とにかく1本のペンを買うときは a pen にします。

オラはペンを
買うぞぉ！

この中のどのペンでもいい
「ある1本」のペン

" the " の場合

一方,ピョン太郎が「ああ,あのペンね〜」というように,お互いに「同じあのペンのことだよね」と想像しているときは the pen にします。

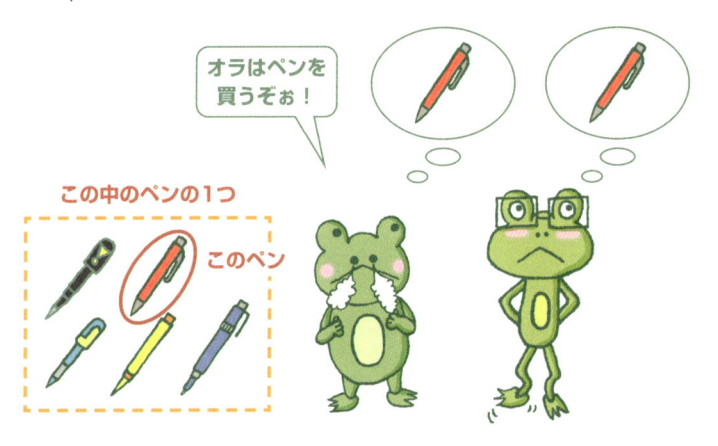

オラはペンを買うぞぉ！

この中のペンの1つ
このペン

つまり,話の流れで1つに決めることができる場合は the を,いくつかある中の「ある1つ」のときは a を使います。

つまり,答えは,問題文だけだと a か the か,どちらがふさわしいのか判断できないので Kerozo buys a pen. でも Kerozo buys the pen. でも正解になります。

ローマ字を覚えよう！

※51ページの続き

ga：が	gi：ぎ	gu：ぐ	ge：げ	go：ご
za：ざ	ji：じ	zu：ず	ze：ぜ	zo：ぞ
da：だ	ji：ぢ	zu：づ	de：で	do：ど
ba：ば	bi：び	bu：ぶ	be：べ	bo：ぼ
pa：ぱ	pi：ぴ	pu：ぷ	pe：ぺ	po：ぽ

gya ：ぎゃ	gyu ：ぎゅ	gyo ：ぎょ
ja　：じゃ	ju　：じゅ	jo　：じょ
ja　：ぢゃ	ju　：ぢゅ	jo　：ぢょ
bya ：びゃ	byu ：びゅ	byo ：びょ
pya ：ぴゃ	pyu ：ぴゅ	pyo ：ぴょ
kya ：きゃ	kyu ：きゅ	kyo ：きょ
sha ：しゃ	shu ：しゅ	sho ：しょ
cha ：ちゃ	chu ：ちゅ	cho ：ちょ
nya ：にゃ	nyu ：にゅ	nyo ：にょ
hya ：ひゃ	hyu ：ひゅ	hyo ：ひょ
mya：みゃ	myu：みゅ	myo：みょ
rya ：りゃ	ryu ：りゅ	ryo ：りょ

覚え方

「ぎゃ」は「ぎ＋や」ですよね。つまり，「gi ＋ ya → giya → i をとって gya になっている」と覚えると，覚えやすくなります。

LESSON 12 人や物の英単語を, 代わりの英単語に置き換える

Q 英語の文をつくりましょう。

ex 彼はボールを持っている。

HINT ボールを：a ball　持っている：has

手順 1. 主語, 動詞, 目的語, 補語を見つける

「誰が」ボールを持っているのでしょうか。そうですね。「彼」ですね。つまり主語は「彼は」です。

彼は「何を」持っているのでしょうか。そうですね。「ボールを」持っているのですね。つまり目的語は「ボールを」です。

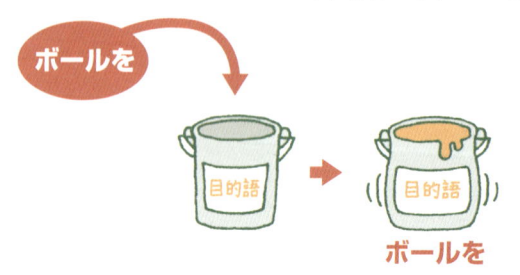

彼はボールを「どうする」のでしょうか。そうですね。「持っている」のですね。つまり動詞は「持っている」です。

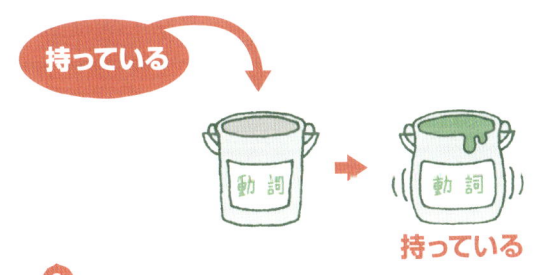

持っている

動詞 → 動詞
持っている

手順 2. 英語の語順にならべて，それぞれを英語にする

● <日本語>

問題文の日本語は「主語＋目的語＋動詞」の語順になっています。

主語	目的語	動詞
彼は	ボールを	持っている

<英語>

英語では「主語＋動詞＋目的語」の語順ですね。

主語	動詞	目的語
彼は	持っている	ボールを
↓	↓	↓
?	has	a ball

では,「彼は」の部分は,どのように英語にすればいいのでしょうか。

「私は」「彼は」「それは」「彼らは」「私を」「それに」「私たちを」「彼らを」などのように,そのものズバリの名前ではなく,その名前の代わりに使われたり,その名前を指し示したりするような言葉を「代名詞」といいます。

代名詞を英語にするには覚えるしかないので,172ページの表をしっかり覚えましょう。

よって,答えは He has a ball. になります。

※文のはじめの文字は大文字にするということを忘れないでください。

まとめ

「名詞」「代名詞」を英語にする手順

1. 人の名前（日本名）はローマ字で（→ p.51, 57）,人の名前（英語名）は決められた英単語を使って英語にします（→ p.50）。

2. 物の名前は決められた英単語を使って英語にします。ただし,物が複数あるときは,その英単語の後ろに続けて s を,物が1つのときは,その英単語の前に a か the をつけます（→ p.54, 55, 56）。

3. 「彼は」「それは」などのような「代名詞」を英語にするには，決められた英単語を使います（→ p.172）。

4. 文のはじめの文字はいつでも「大文字」にします（→ p.51）。

※なお，人や物の名前のことを「名詞」といいます。これからも，「名詞」という言葉を使うので，覚えておいてくださいね。

＜英語をもっと知るために＞

主語・目的語・補語には「名詞」が入ることが多いことを覚えておくと，これからの英語の勉強が大変楽になりますよ！

このルールと，名詞を英語にする方法を知っているだけで，「主語」「目的語」「補語」を英語にするのが，とっても簡単になりますね！

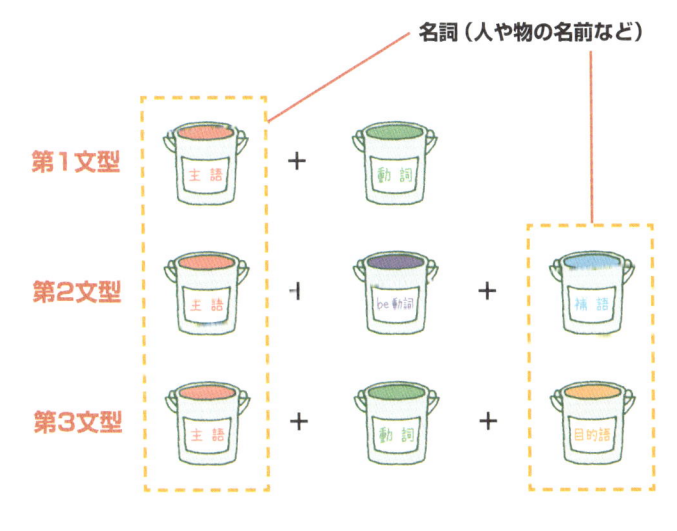

名詞（人や物の名前など）

第1文型	主語	＋ 動詞	
第2文型	主語	＋ be動詞	＋ 補語
第3文型	主語	＋ 動詞	＋ 目的語

LESSON 13 主語によって動詞の姿が変わる!?

Q 「動詞」に注意して,英語の文をつくりましょう。

ex ケロ蔵は野球をする。

HINT ケロ蔵は:Kerozo　野球を:baseball
する:play

手順1. 主語,動詞,目的語,補語を見つける

「誰が」野球をするのでしょうか。そうですね。「ケロ蔵」ですね。つまり主語は「ケロ蔵は」です。

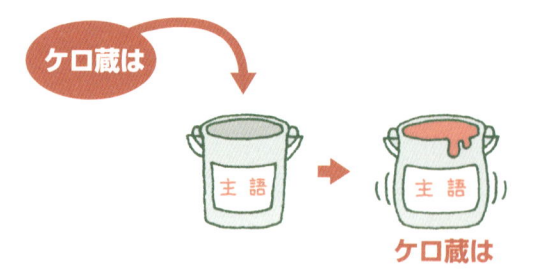

ケロ蔵は「何を」するのでしょうか。そうですね。「野球を」するのですね。つまり目的語は「野球を」です。

ケロ蔵は野球を「どうする」のでしょうか。そうですね。「する」のですね。つまり動詞は「する」です。

手順 2. 英語の語順にならべて，それぞれを英語にする

🔴 <日本語>

問題文の日本語は「主語＋目的語＋動詞」の語順になっています。

ケロ蔵は　　　野球を　　　する

🇺🇸 <英語>

英語では「主語＋動詞＋目的語」の語順ですね。

ケロ蔵は　　　する　　　野球を
↓　　　　　↓　　　　　↓
Kerozo　　　play　　　baseball

答えは Kerozo play baseball. になりますが，実は，この答え，1つだけ間違えているところがあります。「動詞 play」の「姿」が間違っているのです。

　be動詞は主語によって色々姿をかえる八方美人なやつでしたが（→ p.38），実は動詞も，主語によって姿を変えるのです。ただし，必ず姿が変わるわけではありません。

　じゃあ，どんな時に変わるのでしょうか？　姿を変える「時」と「場合」があるのです。

1．「現在」の話の時
2．主語が「彼は[が]」「彼女は[が]」「それは[が]」というように，「この3つで言い換えられる言葉」の場合

> ※「この3つで言い換えられる言葉」とは，たとえば「太郎は」「ペンは」等のことです。「太郎は＝彼は」「ペンは＝それは」と言い換えることができます。1，2の場合を「3人称単数現在」といいます。

　では，このような「時」と「場合」，動詞はどのような姿に変わるのでしょうか。
　原則は，動詞に s をつければOKです。たとえば play は，plays に変わります。

　ただし，動詞によって変わり方が違います。変わり方には，細かい規則があるので，時間があるときにでも覚えておいてください。
　覚えるための表が174ページにあります。

現在の話の時…

主 語	動 詞
・彼は [が] ・彼女は [が] ・それは [が] ・上記の3つで言い換えられる言葉	動詞に s をつける

よって，答えは Kerozo plays baseball. になります。

※Lesson10 の plays（→p.48），Lesson11 の buys（→p.52）は，原則通り，動詞に s がついた姿です。

※Lesson12 の has（→p.58）は，例外で，have の姿が不規則に変わっています。

確かめよう！

英語の文をつくりましょう。

1. 太郎は泳ぐ。
2. これはペンです。
3. 彼は彼女を知っている。
4. その花は美しい。
5. あなたは英語を学ぶ。
6. 彼女はその部屋を掃除する。
7. 彼女はテニスが好きだ。
8. ナンシーは本を買う。
9. 太郎は静かだ。
10. 私はペンが欲しい。

HINT ヒント

1. 太郎は：Taro　泳ぐ：swim
2. これは：this　ペン：a pen　be動詞：is
3. 彼は：he　彼女を：her　知っている：know
4. その花は：the flower　美しい：beautiful　be動詞：is
5. あなたは：you　英語を：English　学ぶ：learn
6. 彼女は：she　その部屋を：the room　掃除する：clean
7. 彼女は：she　テニスが：tennis　好きだ：like
8. ナンシーは：Nancy　本を：a book　買う：buy
9. 太郎は：Taro　静かだ：silent　be動詞：is
10. 私は：I　ペンが：a pen　欲しい：want

A 答え

1. Taro swims.
2. This is a pen.
3. He knows her.
4. The flower is beautiful.
5. You learn English.
6. She cleans the room.
7. She likes tennis.
8. Nancy buys a book.
9. Taro is silent.
10. I want a pen.

❗ ポイント

・「どんな時」「どんな場合」に、動詞の姿が変わるのかを考えながら英語にしてみよう！

久しぶりの「確かめよう！」だなぁ〜
オラ、覚えてないよぉ〜

勉強の極意は「繰り返し」と「復習」だよ。少しでもわからなくなれば、はじめに戻って勉強しなおそう！

LESSON 14 動詞のing形「〜している（ところ）」

Q 英語で，現在進行中の文をつくりましょう。

ex 私は野球をしている。

HINT 私は：I　野球を：baseball　する：play

手順 1. 主語，動詞，目的語，補語を見つける

「誰が」野球をしているところなのでしょうか。そうですね。「私」ですね。つまり主語は「私は」です。

私は「何を」しているのでしょうか。そうですね。「野球を」しているのですね。つまり目的語は「野球を」です。

私は野球を「どうする」のでしょうか。そうですね。「している」のですね。つまり動詞は「している」です。

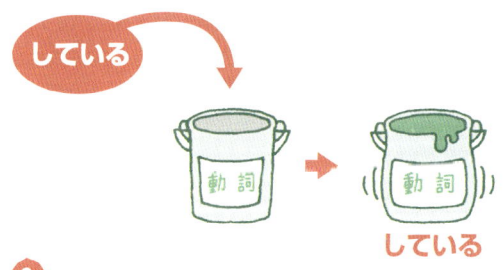

している

している

手順 2. 英語の語順にならべて、それぞれを英語にする

<日本語>

問題文の日本語は「主語＋目的語＋動詞」の語順になっています。

私は **野球を** **している**

<英語>

英語では「主語＋動詞＋目的語」の語順ですね。

主語	動詞	目的語
私は	している	野球を
↓	↓	↓
I	play??	baseball

答えは I play baseball. になるのでしょうか。

「少し違うんじゃないかな!?」と思いましたか。

そうです。この答えにすると「私は野球をする」という意味になってしまいます。

問題文は,「私は野球をしているところ」という意味にしたいのです。

つまり,「play(する)」を「している」という意味の英語に変えたいのです。

では,どのようにすればいいのでしょうか。

答えは,「動詞の姿」を変えてあげればいいのです。

英語で,「~しているところ」は,動詞を「be動詞＋動詞の ing形」にすればいいのです。

be動詞は主語によってその姿を変えればいいのですが(→p.170),動詞の ing形とは何なのでしょうか。

動詞の ing形とは,動詞に ing をくっつけただけのものです。

たとえば「play(する)」に ing をくっつけて「playing(している)」のような感じです。

ただし,例外もあります。(→ p.176)

|主語| |動詞| |目的語|

私は　　　　　している　　　　野球を
↓　　　　　　　↓　　　　　　　↓
I　　　　be動詞 + 動詞のing形　baseball

主語が「I」なので am　　　play + ing
(→ p.170)

よって，答えは I am playing baseball. になります。

LESSON 15 「be + ing形」にできない動詞

Q 「知っている」に注意して,英語の文をつくりましょう。

ex 私はケロ蔵を知っている。

HINT 私は:I　ケロ蔵を:Kerozo　知る:know

手順 1. 主語,動詞,目的語,補語を見つける

「誰が」ケロ蔵を知っているのでしょうか。そうですね。「私」ですね。つまり主語は「私は」です。

私は「何を」知っているのでしょうか。そうですね。「ケロ蔵を」知っているのですね。つまり目的語は「ケロ蔵を」です。

私はケロ蔵を「どうする」のでしょうか。そうですね。「知っている」のですね。つまり動詞は「知っている」です。

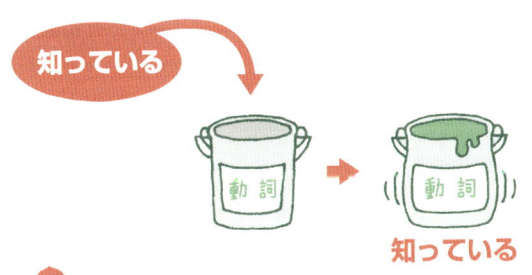

知っている

動詞 → 動詞
知っている

手順 2. 英語の語順にならべて, それぞれを英語にする

🔴 <日本語>

問題文の日本語は「主語＋目的語＋動詞」の語順になっています。

| 主語 | 目的語 | 動詞 |
| 私は | ケロ蔵を | 知っている |

🇺🇸 <英語>

英語では「主語＋動詞＋目的語」の語順ですね。

主語	動詞	目的語
私は	知っている	ケロ蔵を
↓	↓	↓
I	am knowing??	Kerozo

答えは I am knowing Kerozo. になるのでしょうか。

実は know のような動詞は，「be動詞＋動詞の ing形」にしてはいけないのです。

つまり，答えは I know Kerozo. となります。

■ 理由を「簡単に」説明

文が「～している」という形になっているとき，「ところです」をくっつけて自然なときは「be動詞＋動詞の ing形」にできますが，不自然に感じたら，「be動詞＋動詞の ing形」にはできません。

・私は走っている　→　私は走っているところです
　→「走っているところ」という言葉は自然な感じですよね。自然なので「be動詞＋ing形」にできます。

・私は彼を知っている→私は彼を知っているところです
　→「知っているところ」という言葉は，ちょっと不自然に感じます。不自然なので「be動詞＋動詞の ing形」にはできません。

■ **理由を「難しく」説明**

　「投げる」「走る」「泳ぐ」などのように「動作を表す動詞」のときは「be動詞＋動詞のing形」にできますが，「知っている」「持っている」などの「状態を表す動詞（ずっと〜している状態ということを示す動詞）」のときは「be動詞＋動詞のing形」にしてはいけません。

　　※「動作」は主に「体の動き」のことをいい，「状態」は主に「そのときの様子」のことをいいます。

確かめよう！

英語の文をつくりましょう。

1. 彼は野球をしているところです。
2. 私はその車が欲しい。
3. 彼女はその部屋を掃除している。
4. 彼女はテニスをする。
5. 彼は泳いでいる。
6. 彼は先生です。
7. 私は彼を知っている。
8. その車は古い。
9. 彼女は本を読んでいる。
10. 花子は走っている。

ヒント

1. 彼は：he　野球を：baseball　する：play　している：is playing
2. 私は：I　その車が：the car　欲しい：want
3. 彼女は：she　その部屋を：the room　掃除する：clean　掃除している：is cleaning
4. 彼女は：she　テニスを：tennis　する：play
5. 彼は：he　泳ぐ：swim　泳いでいる：is swimming
6. 彼は：he　先生：a teacher　be動詞：is
7. 私は：I　彼を：him　知っている：know
8. その車は：the car　古い：old　be動詞：is
9. 彼女は：she　本を：a book　読む：read　読んでいる：is reading
10. 花子は：Hanako　走る：run　走っている：is running

　※5. 泳いでいる swimming と10. 走っている running の ing形は例外の場合の形です。

A 答え

1. **He is playing baseball.**
2. **I want the car.**
3. **She is cleaning the room.**
4. **She plays tennis.**
5. **He is swimming.**
6. **He is a teacher.**
7. **I know him.**
8. **The car is old.**
9. **She is reading a book.**
10. **Hanako is running.**

ポイント

・文が「〜している」の形になっているとき,「ところです」をつけることができれば,動詞の形を「be動詞＋動詞のing形」に変える必要がありました。7は「ところです」をつけると不自然なので,「be動詞＋動詞のing形」にはできません。

> オラ,混乱してきたぞぉ!

> 「〜しているところ＝be動詞＋動詞のing形」と覚えておけばいいよ。ただし「知っている」などには要注意!

まとめ

「動詞」を英語にする方法

1. 動詞は,「時」「場合」によって,姿が変わります。それは,「現在の話」で,主語が「彼は」「彼女は」「それは」「この3つで言い換えられる言葉」の場合です (→ p.64)。原則,動詞に s がつきます。
2. 「〜している」という文のときは,動詞を「be動詞＋動詞の ing 形」に変えます (→ p.70)。ただ,「〜している」という形になっていても,「ところです」をつけると不自然な意味になる文章は,「be動詞＋動詞の ing 形」にしてはいけません (→ p.74)。

＜重要ポイント＞

このまとめでは,「動詞」を英語にする方法について確認しました。つまり,このまとめがわかると,動詞を英語にすることができるようになります。

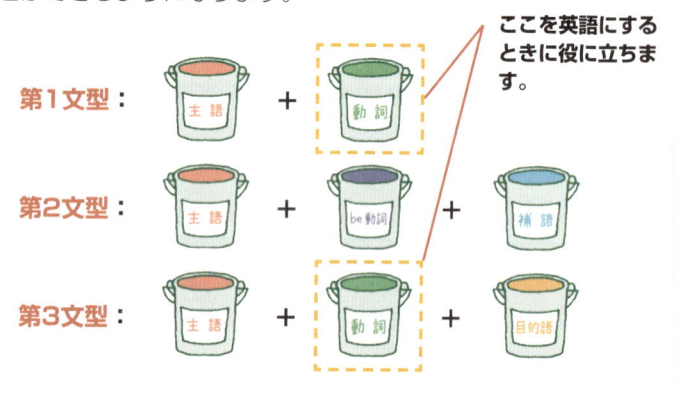

ここを英語にするときに役に立ちます。

第1文型: 主語 ＋ 動詞

第2文型: 主語 ＋ be動詞 ＋ 補語

第3文型: 主語 ＋ 動詞 ＋ 目的語

STEPでは「～すること（to＋動詞の原形＝不定詞）」「～した（過去時制）」「形容詞」「助動詞」など，HOPより少し発展した文法を学習します。特に形容詞の使い方は，簡単なようで色々形を変えて出てくるので，ここでしっかり学習しておいてください。

LESSON 16 動詞を「〜すること」にする

Q 英語にしてみましょう。

ex 走ること

HINT 走る：run

動詞を「〜すること」という英語にする方法は、2つあります。

レクチャー 1. to を使って、動詞を「〜すること」にする

「走る」は run です。「こと」は to を使います。答えを「走る＋こと＝ run to 」としていいのでしょうか。

駄目ですよね。英語にするときは、いつも「語順」を考えることが必要です。つまり、日本語では「走る＋こと」の語順ですが、英語では、「こと＋走る＝ to run 」の語順にするのです。

<日本語>　→　<英語>

動詞　＋　こと　→　to　＋　動詞

（例）
走ること　　　→　to run

レクチャー2. 動詞のing形を使って、動詞を「～すること」にする

動詞を ing形にすると、「～すること」という意味になります。

たとえば、study（勉強する）を ing形にして、studying にすると、「勉強すること」という意味になります。

○ <日本語>　→　 <英語>

動詞　＋　こと　→　動詞の ing 形

（例）
走ること　　　→　running

よって、答えは、to run または running になります。

LESSON 17 「～すること」を使って英文をつくる①

Q 「目的語」が何かを考えて，英語の文をつくりましょう。

ex 私は泳ぐことが好きです。

HINT 泳ぐ：swim　ing形：swimming　好きです：like

手順 1. 主語，動詞，目的語，補語を見つける

「誰が」泳ぐことが好きなのでしょうか。そうですね。「私」ですね。つまり，主語は「私は」になります。

私は
→ 主語 ⇒ 主語
　　　　　私は

私は「何が」好きなのでしょうか。そうですね。「泳ぐことが」好きなのですね。つまり，目的語は「泳ぐことが」です。

※動詞が，「好き」「欲しい」の場合は，目的語が「誰を[に]，何を[に]」の形ではなく，「誰が・何が」の形になることがあります。(→ p.25, 35)

泳ぐことが
→ 目的語 ⇒ 目的語
　　　　　泳ぐことが

私は泳ぐことが「どうなの」でしょうか。そうですね。「好き」なのですね。つまり，動詞は「好きです」です。

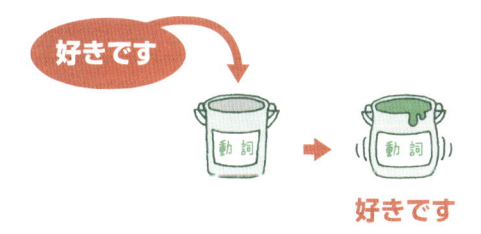

好きです

動詞 → 動詞
　　　　　好きです

手順 2. 英語の語順にならべて，それぞれを英語にする

〇 <日本語>

問題文の日本語は「主語＋目的語＋動詞」の語順になっています。

主語	目的語	動詞
私は	泳ぐことが	好きです

<英語>

英語では「主語＋動詞＋目的語」の語順ですね。

主語	動詞	目的語
私は	好きです	泳ぐことが
↓	↓	↓
I	like	??

では,「泳ぐことが」の部分を,どのように英語にすればいいのでしょうか。

「〜すること」を英語にするには,「to ＋ 動詞」を使う方法と,動詞を ing形にする方法があります。

よって,「泳ぐこと」は,to swim あるいは swimming になります。

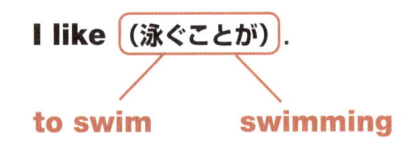

I like (泳ぐことが).

to swim　　swimming

答えは I like to swim. あるいは,I like swimming. になります。

LESSON 18 「～すること」を使って英文をつくる②

Q 「主語」が何かを考えて，英語の文をつくりましょう。

ex 教えることは難しい。

HINT 教える：teach　ing形：teaching
難しい：difficult　be動詞：is

手順 1. 主語，動詞，目的語，補語を見つける

「何が」難しいのでしょうか。そうですね。「教えること」ですね。つまり，主語は「教えることは」になります。

教えることは → 主語：**教えることは**

この文には「です」をつけることができますね。「主語」と「です」にはさまれた言葉が「補語」なので，「難しい」が補語になります。

難しい → 補語：**難しい**

85

手順 2. 英語の語順にならべて，それぞれを英語にする

○ <日本語>

問題文の日本語は「主語＋補語＋（です）」の語順になっています。

主 語	補 語	です
教えることは	難しい	（です）

<英語>

英語では「主語＋be動詞＋補語」の語順ですね。

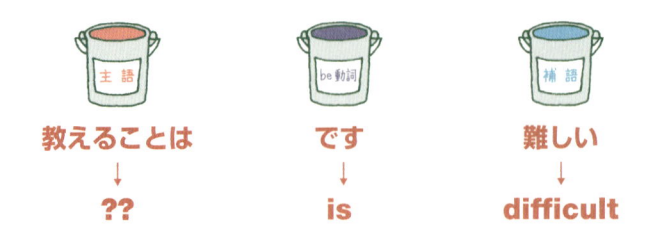

主 語	be動詞	補 語
教えることは	です	難しい
↓	↓	↓
??	is	difficult

では，「教えることは」の部分を，どのように英語にすればいいのでしょうか。

「〜すること」を英語にするには，「to ＋ 動詞」を使う方法と，動詞を ing 形にする方法があります。

つまり，「教えることは」は，to teach あるいは teaching になります。

> 教えることは is difficult.
>   ╱   ╲
>   **to teach teaching**

答えは，To teach is difficult.
あるいは Teaching is difficult. になります。

ちなみに，なぜ，be動詞に is を使うのかわかりますか？それは，「教えることは」は「それは（ It ）」で言い換えることができるからです。It の時に使う is を使っているのですね（→p.170）。

確かめよう！

英語の文をつくりましょう。

1. 彼は歩くことが好きです。
2. 教えることは簡単です。
3. 泳ぐのは難しい。
4. 私は走ることが好きです。
5. 太郎は泳ぐのが好きです。
6. 学ぶことは面白い。
7. 花子は走りはじめる。
  （＝花子は走ることをはじめる。）

HINT ヒント

1. 彼は：he　歩く：walk（ing形：walking）　好きです：like
2. 教える：teach（ing形：teaching）　簡単：easy
3. 泳ぐ：swim（ing形：swimming）　難しい：difficult
4. 私は：I　走る：run（ing形：running）
5. 太郎は：Taro　泳ぐ：swim（ing形：swimming）
6. 学ぶ：learn（ing形：learning）　面白い：interesting
7. 花子は：Hanako　走る：run　はじめる：start

A 答え

1. He likes to walk. / He likes walking.
2. To teach is easy. / Teaching is easy.
3. To swim is difficult. / Swimming is difficult.
4. I like to run. / I like running.
5. Taro likes to swim. / Taro likes swimming.
6. To learn is interesting. / Learning is interesting.
7. Hanako starts to run. / Hanako starts running.

! ポイント

- 1, 5, 7：動詞に s をつけるのを忘れないようにしましょう（→p.64）。
- 3, 5：「泳ぐのは［が］」は、「泳ぐことは」と同じです。
- 7：「走りはじめる＝走ることをはじめる」のように言い換えます。

> 何が何だかわからなくなってきたぞぉ！

> ちょっと難しくなってきたからね。ここでは「～こと」は「to -」もしくは「動詞のing形」と覚えておけばいいよ！

まとめ

「to＋動詞」と「動詞のing形」

　「〜すること」を英語にするには，「to ＋ 動詞」または「動詞のing形」を使います（→ p.84）。

＜英語をもっと知るために①＞

　「〜すること」は，主語・目的語・補語のバケツに入ります。名詞と同じですね（→ p.61）。

　ただし，「〜すること」が主語になる場合は限られています（→ p.143〜147）。

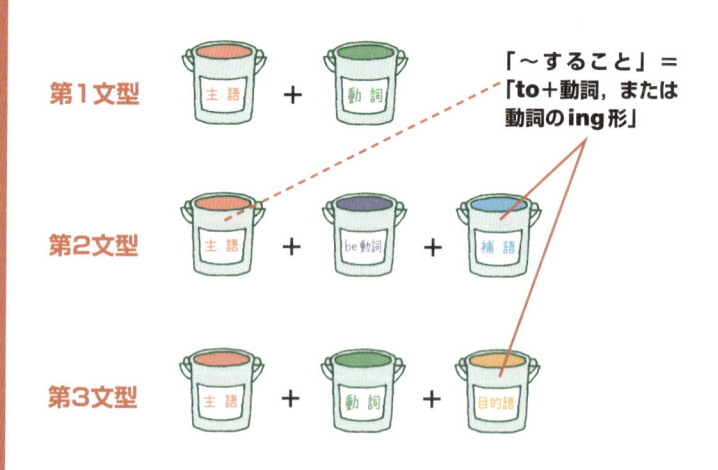

第1文型　　主語 ＋ 動詞

第2文型　　主語 ＋ be動詞 ＋ 補語

第3文型　　主語 ＋ 動詞 ＋ 目的語

「〜すること」＝「to＋動詞，または動詞のing形」

＜英語をもっと知るために②＞

studying（study：勉強する）を日本語にしてみてください。
そうですね。「勉強すること」ですよね。このように「動詞のing形」は「〜すること」と訳せばいいのでした。でも，それ以外にも「動詞のing形」の訳し方がありましたよね。

そうです。「〜しているところ」です（→ p.70）。

つまり「動詞のing形」を見かけたとき，「〜すること」または「〜しているところ」と訳せばいいのです。

では，どのようなときに「〜すること」になるのか「〜しているところ」になるのか，簡単な見分け方があるので，まとめてみました。

1. 「〜しているところ」は「be動詞＋動詞のing形」になっていますが，「〜すること」は「動詞のing形」だけで，be動詞はありません。

   （例）〜しているところ：I am running.
   　　　　　　　　　　　　（私は走っている）
   （例）〜すること　　　：I like singing.
   　　　　　　　　　　　　（私は歌うことが好きです。）

2. 「〜しているところ」は「動詞」のバケツに入りますが，「〜すること」は「主語」「目的語」「補語」のバケツに入ります。

第1文型　主語 ＋ 動詞

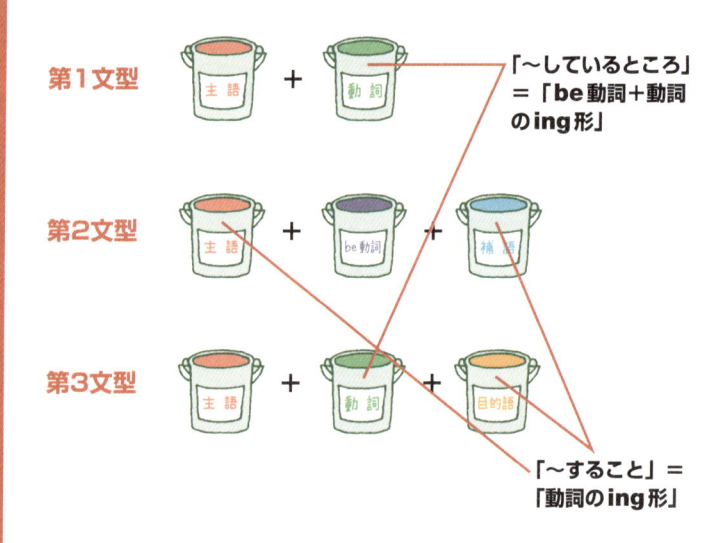

第2文型　主語 ＋ be動詞 ＋ 補語

第3文型　主語 ＋ 動詞 ＋ 目的語

「〜しているところ」＝「be動詞＋動詞のing形」

「〜すること」＝「動詞のing形」

＜英語をもっと知るために③＞

「〜すること」を英語にするには「to＋動詞」あるいは「動詞のing形」にすればいいのですね。もっとも，この2つには微妙にニュアンスの違いがあります。どのようにニュアンスが違うのでしょうか？

「to ＋ 動詞」は「これから」を示すときに，「動詞の ing 形」は「一般的に言われること」を表すときに使われる傾向があります（そのような傾向があるだけで，必ずというわけではありません）。わかりにくいので，英語の文で説明します。

次の2つの文は，両方とも「私は泳ぐことが好きです。」という意味です。

A：I like to swim.
B：I like swimming.

しかし，Aの文では「これから」という意味が，Bの文では「一般的にいわれること」の意味があります。

A：私は（これから）泳ぐことが好きです。
　→**これから泳ぎたいね。**
B：私は（一般的に言われる）泳ぐ（という）ことが好きです。
　→**泳ぐのが好きなんだ。**

このような微妙なニュアンスの差があるためか，「to ＋ 動詞」と「動詞の ing 形」の使い分けが必要な場面があります。くわしくは『基本にカエル英語の本』の［レベル3］で解説します。

LESSON 19 名詞をくわしくする！ 〜形容詞〜

Q 英語にしてみましょう。

ex 赤い花

HINT 赤い：red　花：a flower

レクチャー 1. 形容詞って何？

店に4本の花があったとします。

「花を買ってきて」と頼まれたら，どの花を買ってきますか？

どの花を買ったらいいのかわからないですよね。でも，もし「赤い花を買ってきて」と頼まれれば，「赤い花」を買えばいいとわかります。

つまり,「花（物の名前なので名詞）」だけでは,どのような花なのかはわかりませんが,「赤い」がつくことで,どのような花なのか,わかるようになります。

　「赤い」のように,どのような名詞（花）なのか説明する言葉のことを「形容詞」といいます。形容詞を見つければ,どの名詞を説明しているのかを示すマーク＜　＞をつけるようにしてください。

例：＜ 赤い ＞車

レクチャー2. 形容詞の使い方

　それでは,「赤い花」を英語にしてみましょう。
　「赤い」は red です。「花」は a flower です。では,「赤い花」は英語で何と言うのでしょうか。

　英語にするときは,「語順」に注意する必要があります。この場合は日本語と同じ「＜形容詞＞名詞」の語順になります。ただし a , the は,形容詞の前に置いてください。

a
the ＋ ＜形容詞＞ ＋ 名詞

　「赤い花」は,英語では a [the] red flower になります。

　形容詞の形は,日本語ではふつう,言葉の終わりが「〜い」「〜しい」となっているので,すぐに見つけることができますね。

LESSON 20 形容詞を使って英文をつくる①

Q 「形容詞」の使い方に注意して,英語の文をつくりましょう。

ex ケロ蔵は赤い車を運転している。

HINT ケロ蔵は:Kerozo 赤い:red
車:a car 運転する:drive (ing形:driving)

手順1. 主語, 動詞, 目的語, 補語を見つける

「誰が」赤い車を運転しているのでしょうか。
「ケロ蔵」ですよね。つまり,主語は「ケロ蔵は」です。

ケロ蔵は

ケロ蔵は「何を」運転しているのでしょうか。
「白い車」でもなく「青い車」でもなく,「赤い車」ですよね。
つまり,目的語は「赤い車を」です。

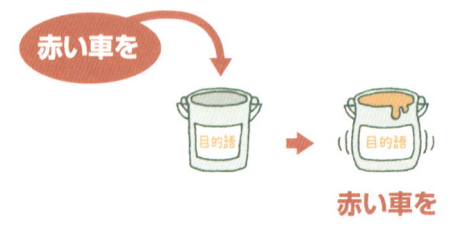

赤い車を

ケロ蔵は赤い車を「どうする」のでしょうか。

「運転している」のですよね。つまり，動詞は「運転している」です。

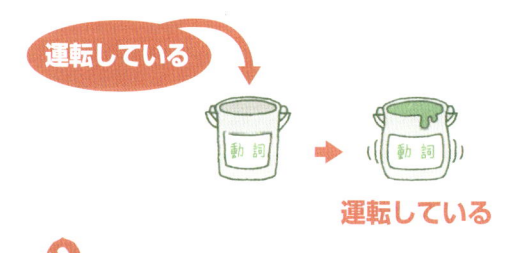

運転している

運転している

手順 2. 英語の語順にならべて，それぞれを英語にする

○ <日本語>

問題文の日本語は「主語＋目的語＋動詞」の語順になっています。

ケロ蔵は　　赤い車を　　運転している

<英語>

英語では「主語＋動詞＋目的語」の語順ですね。

ケロ蔵は　　運転している　　赤い車を
↓　　　　　↓　　　　　　　↓
Kerozo　　is driving　　　??

では「赤い車を」を，どのように英語にすればいいのでしょうか。
　「赤い車を」の「赤い」は，どのような「車」なのか説明している形容詞ですね。よって「＜赤い＞車を」のように「＜＞」をつけます。

＜ 赤い ＞車

　この場合，日本語と同じ語順なので，「赤い車を」を英語にすると red car になります。ただし，a the は形容詞の前に置くことになっていますね。

＜ 赤い ＞車　→　a ＜ red ＞ car

　答えは，Kerozo is driving a red car. となります。

LESSON 21 形容詞を使って英文をつくる②

Q 「形容詞」の位置に注意して，英語の文をつくりましょう。

ex ゴルフは面白い。

HINT ゴルフ：golf　面白い：interesting
be動詞：is

手順 1. 主語，動詞，目的語，補語を見つける

「何が」面白いのでしょうか。

「ゴルフ」ですよね。つまり，主語は「ゴルフは」です。

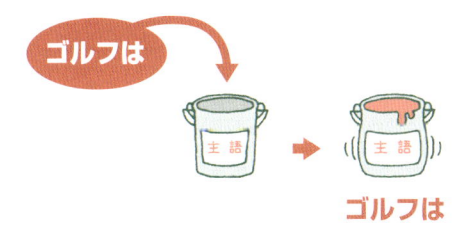

ゴルフは → 主語　ゴルフは

この文には「です」をつけることができます。つまり「主語」と「です」で，はさまれた「面白い」が補語になります。

面白い → 補語　面白い

手順 2. 英語の語順にならべて，それぞれを英語にする

●　＜日本語＞

問題文の日本語は「主語＋補語＋（です）」の語順になっています。

主語	補語	です
ゴルフは	面白い	（です）

＜英語＞

英語では「主語＋be動詞＋補語」の語順ですね。

主語	be動詞	補語
ゴルフは	（です）	面白い
↓	↓	↓
Golf	is	interesting

答えは Golf is interesting. になります。

ここで注目してほしいのが「面白い」です。
「面白い」は「～い」で終わっているので，形容詞です。このように形容詞は，どのような名詞なのか説明するだけではなくて，「補語」の位置に置いて，主語について説明することもできます。次ページの「まとめ」で，頭の中を整理してください。

まとめ

形容詞の使い方

1. 形容詞は,「どのような名詞なのか」を説明する言葉です (→ p.95)。
2. 「～い」「～しい」で終わる言葉は,ふつう,形容詞です。文中の形容詞に,「< >」をつけると,わかりやすくなります (→ p.95)。
3. 「<形容詞>+名詞」を英語にするには,「a [the] +<形容詞>+名詞」の語順にします (→ p.95)。

<英語をもっと知るために>

形容詞には2つの使い方があります。1つは「名詞」と共に使われて,「どのような名詞なのか」説明するとき,「主語・補語・目的語」の位置に置かれます (名詞が使われる場所と同じ→ p.61)。

もう1つは,形容詞だけで「補語」として主語を説明します。この場合,形容詞は,補語の位置に置かれます。

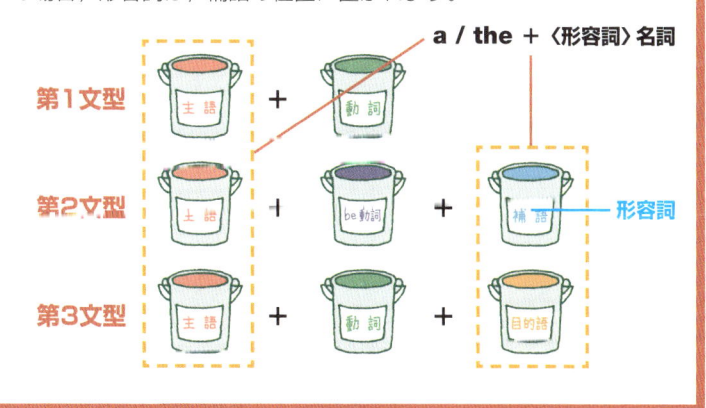

a / the + 〈形容詞〉名詞

第1文型 主語 + 動詞

第2文型 主語 + be動詞 + 補語 ——形容詞

第3文型 主語 + 動詞 + 目的語

確かめよう！

英語の文をつくりましょう。

1. 私は青い車を買う。
2. これは赤い花です。
3. 私は難しい本を持っている。
4. その本は面白い。
5. 教えることは難しい。
6. その車は古い。
7. 私は赤い車が欲しい。
8. 彼は新しいペンを買う。

HINT ヒント

1. 私は：I　青い：blue　車を：a car　買う：buy
2. これは：this　赤い：red　花：a flower　be動詞：is
3. 私は：I　難しい：difficult　本を：a book　持っている：have
4. その本は：the book　面白い：interesting　be動詞：is
5. 教える：teach　難しい：difficult　be動詞：is
6. その車は：the car　古い：old　be動詞：is
7. 私は：I　赤い：red　車が：a car　欲しい：want
8. 彼は：he　新しい：new　ペンを：a pen　買う：buy

A 答え

1. **I buy a blue car.**
2. **This is a red flower.**
3. **I have a difficult book.**
4. **The book is interesting.**
5. **Teaching [To teach] is difficult.**
6. **The car is old.**
7. **I want a red car.**
8. **He buys a new pen.**

❗ ポイント
・8：動詞に s をつけるのを忘れてはいけません（→ p.64）。

形容詞って難しいなぁ～オラ，自信がなくなってきたぞぉ。

「形容詞」があると難しく感じるけど，やっていることは「HOP」のところと同じだよ。もし少しでもわからないところがあれば復習あるのみ！

LESSON 22 動詞を助ける!? 〜助動詞〜

Q 「動詞」の意味に注意して，英語の文をつくりましょう。

ex 私はギターを弾くことができる。

HINT 私は：I　ギターを：the guitar　弾く：play

手順1. 主語，動詞，目的語，補語を見つける

「誰が」ギターを弾くことができるのでしょうか。
「私」ですよね。つまり，主語は「私は」です。

私は「何を」弾くことができるのでしょうか。
「ギター」ですね。つまり，目的語は「ギターを」です。

私はギターを「どうする」のでしょうか。
「弾く」のですよね。つまり、動詞は「弾く」になります。

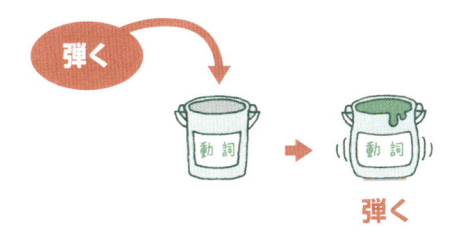

これで、「主語：私は、目的語：ギターを、動詞：弾く」となることがわかりました。残っている言葉は、「ことができる」ですね。

私は　ギターを　弾く　＋ ことができる。

では、「ことができる」は何なのでしょうか。ここで、「弾くことができる」という言葉に注目します。

「弾くことができる」は、「弾く」という動詞に、「ことができる」という言葉がくっついています。この「ことができる」は、どのような働きをしているのでしょうか。

弾く＋ことができる（能力）

「弾く」に「ことができる」という言葉がくっつくと、単に私がギターを弾くのではなくて、私はギターを弾く「能力」があるという意味になります。

つまり、動詞に「ことができる」がくっつくことで、「能力」の意味が加わっています。このように動詞にくっついて、動詞に、能力（ことができる）や義務（〜しなければならない）などの意味をつけ加える言葉を「助動詞」といいます。

助動詞は「動詞を助ける」言葉として、常に動詞とセットで使われるので、この本では助動詞を動詞と一緒に、動詞のバケツに放りこみます。

弾く＋ことができる

弾く＋ことができる

「ことができる」以外にも、色々な意味の助動詞があります。178ページに、色々な助動詞と意味をまとめているので、しっかりと覚えておいてくださいね。

手順2. 英語の語順にならべて、それぞれを英語にする

● ＜日本語＞

問題文の日本語は「主語＋目的語＋動詞＋助動詞」の語順になっています。

私は　　　　ギターを　　　弾く＋ことができる

🇺🇸 <英語>

英語では「主語＋動詞＋目的語」の語順ですね。

主語	動詞	目的語
私は	弾く＋ことができる	ギターを
↓	↓	↓
I	??	the guitar

では，「弾くことができる」の部分は，どのように英語にすればいいのでしょうか。

「弾く」は play です。「ことができる」の英語は can です。よって答えを play can にしてもいいのでしょうか。

違いますよね。ここでも「語順」を考える必要があります。日本語では「する（動詞）＋ことができる（助動詞）」の順ですが，英語では「ことができる（助動詞）＋する（動詞）」の順になります。

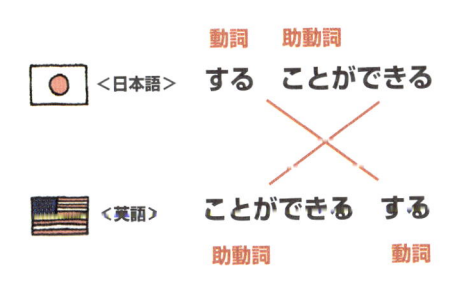

　　　　　　動詞　　助動詞
🔴 <日本語>　する　ことができる

🇺🇸 <英語>　ことができる　する
　　　　　助動詞　　　　動詞

「することができる」は can play となります。
答えは I can play the guitar. になります。

LESSON 23 助動詞を使って英文をつくる①

Q 「助動詞」を使って，英語の文をつくりましょう。

ex ピョン太郎は歌を歌うことができる。

HINT ピョン太郎は：Pyontaro
歌を：a song　歌う：sing　ことができる：can

手順1. 主語，動詞，目的語，補語を見つける

「誰が」歌を歌うことができるのでしょうか。
「ピョン太郎」ですよね。つまり，主語は「ピョン太郎は」です。

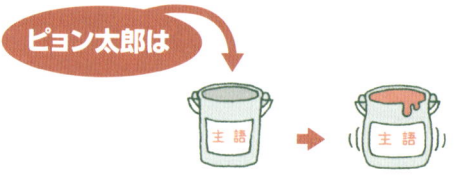

ピョン太郎は → 主語 → **ピョン太郎は**

ピョン太郎は「何を」歌うことができるのでしょうか。
「歌を」ですね。つまり，目的語は「歌を」です。

歌を → 目的語 → **歌を**

ピョン太郎は歌を「どうする」のでしょうか。「歌う」のですよね。つまり，動詞は「歌う」になります。また「歌う」には「ことができる」という助動詞がついています。

歌う＋ことができる

歌う＋ことができる

手順 2. 英語の語順にならべて，それぞれを英語にする

○ <日本語>

　問題文の日本語は「主語＋目的語＋動詞＋助動詞」の語順になっています。

ピョン太郎は　　　歌を　　　歌う＋ことができる

<英語>

　英語では「主語＋助動詞＋動詞＋目的語」の語順ですね。

ピョン太郎は　ことができる＋歌う　歌を
↓　　　　　　↓　　　　　　↓
Pyontaro　　can＋sing　　a song

答えは Pyontaro can sing a song. になりますね。

ここで，疑問に思った人もいるのではないでしょうか。それは，動詞は主語によってその姿が変わるので（→ p.64），この問題の場合，動詞に s が必要ではないかということです。

主語が「ピョン太郎」なので，動詞に s をつける

Pyontaro sings a song.

しかし，この問題文の場合，can sing となり，動詞に s は必要ありません。「助動詞＋動詞」に s はつかないのをイメージで説明すると，助動詞は，動詞を守る「壁」だからです。つまり，助動詞が「壁」になって，「動詞は主語の影響を受けない」というイメージですね。

壁

Pyontaro can sing a song.

確かめよう！

英語の文をつくりましょう。

1. 彼は英語を勉強するかもしれない。
2. 私は英語を教えることができる。
3. 私は歌を歌うことができる。
4. 太郎は泳ぐかもしれない。
5. 彼はサッカーをすることができる。
6. あなたはテニスをした方がいい。
7. 彼らは図書館に行くかもしれない。
8. 彼は赤い車を買うかもしれない。

HINT ヒント

1. 彼は：he　英語を：English　勉強する：study
   かもしれない：may
2. 私は：I　英語を：English　教える：teach
   ことができる：can
3. 私は：I　歌を：a song　歌う：sing　ことができる：can
4. 太郎は：Taro　泳ぐ：swim　かもしれない：may
5. 彼は：he　サッカーを：soccer　する：play
   ことができる：can
6. あなたは：you　テニスを：tennis　する：play
   方がいい：had better
7. 彼らは：they　図書館に：the library　行く：go to
   かもしれない：may
8. 彼は：he　赤い：red　車を：a car　買う：buy
   かもしれない：may

A 答え

1. He may study English.
2. I can teach English.
3. I can sing a song.
4. Taro may swim.
5. He can play soccer.
6. You had better play tennis.
7. They may go to the library.
8. He may buy a red car.

ポイント

- 1, 4, 5, 8：助動詞があると，動詞に s をつけなくてもいいということに注意してください。
- 8：この問題を間違えたら，形容詞（→ p.94）を復習してください。

> 助動詞は，「助動詞＋動詞」の順番になることと，178ページの表を覚えるとできるようになるよ！

> うひゃ～！覚えたら，本当にできるようになったぞぉ！

LESSON 24 助動詞を使って英文をつくる②

Q 「助動詞」の意味を考えて，英語の文をつくりましょう。

ex ケロ蔵は病気かもしれない。

HINT ケロ蔵は：Kerozo　病気：sick
かもしれない：may

手順1. 主語，動詞，目的語，補語を見つける

「誰が」病気なのでしょうか。

そうですね。「ケロ蔵」ですね。つまり，主語は「ケロ蔵は」になります。

ケロ蔵は → ケロ蔵は

178ページの表を見れば，「かもしれない」が助動詞であることに気がつくと思います。つまり，この文は「ケロ蔵は病気です」という文章に「かもしれない」という助動詞がくっついています。

ケロ蔵は病気です　＋　かもしれない

「かもしれない」の部分を手で隠すと「主語」と「です」に，はさまれた「病気」が補語というに気がつきますね。

このように助動詞がある文は，助動詞を手で隠してみれば，簡単に主語，動詞，目的語，補語を簡単に見つけることができます。

手順2. 英語の語順にならべて，それぞれを英語にする

Lesson 23 の「歌うことができる」のような動詞のある文ではないので，どのように英語にすればいいかわかりません。そこで，まずは「ケロ蔵は病気です」の文を英語にしてみましょう。

🔴 <日本語>

問題文の日本語は「主語＋補語＋です」（＋「かもしれない」）の形になっています。

ケロ蔵は　　病気　　です　　（＋かもしれない）

＜英語＞

英語では「主語＋be動詞＋補語」の語順ですね。

主語	be動詞	補語	(＋かもしれない)
ケロ蔵は	です	病気	
↓	↓	↓	↓
Kerozo	**is**	**sick**	(**may**)

よって,「ケロ蔵は病気です。」を英語になおすと Kerozo is sick. になります。

あとは,この文に「かもしれない：may」を加えると答えになります。では, may は,どこに置けばいいのでしょうか。

ここで,「英語では『助動詞＋動詞』の語順になること」を思い出してください（→ p.107）。つまり may を「be動詞」の前に置けば英語の語順通りになるのです。

Kerozo [**is**] **sick**
（be動詞）
may

115

ここで，Lesson 23（→ p.110）で説明した，「助動詞は壁」というイメージを思い出してみましょう。

　つまり，助動詞は「壁」になるので，助動詞がある文では，動詞は主語の影響を受けないのですね。

　Kerozo is sick. という英文では，is の前に may を置いた場合，is という be 動詞を元の姿の be に戻してあげればいいのです（→ p.170）。

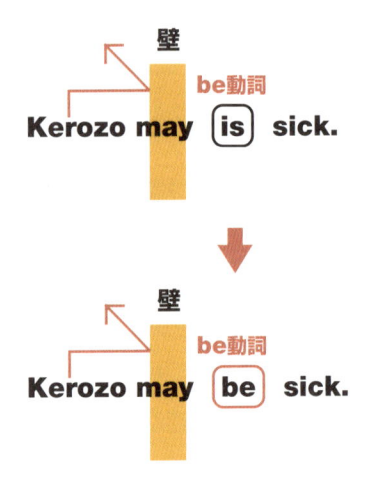

壁
be動詞
Kerozo may [is] sick.

⬇

壁
be動詞
Kerozo may [be] sick.

よって，答えは Kerozo may be sick. になります。

確かめよう！

1. 花子は先生かもしれない。
2. 彼は正直に違いない。
3. その車は新しいに違いない。
4. 彼は病気かもしれない。
5. その噂は本当かもしれない。
6. 彼は新しい車を買うに違いない。
7. 太郎は赤い車を買うに違いない。

ヒント

1. 花子は：Hanako　先生：a teacher　かもしれない：may
2. 彼は：he　正直：honest　に違いない：must
3. その車は：The car　新しい：new　に違いない：must
4. 彼は：he　病気：sick　かもしれない：may
5. その噂は：the rumor　本当：true　かもしれない：may
6. 彼は：he　新しい：new　車を：a car　買う：buy
   に違いない：must
7. 太郎は：Taro　赤い：red　車を：a car　買う：buy
   に違いない：must

答え

1. Hanako may be a teacher.
2. He must be honest.
3. The car must be new.
4. He may be sick.
5. The rumor may be true.
6. He must buy a new car.
7. Taro must buy a red car.

ポイント

- 「助動詞＋be動詞」の順になることを思い出しましょう。助動詞は動詞を守る「壁」なので，be動詞は，元の姿である be を使います。
- 6，7：復習です。もし間違えたら，もう一度，95ページと110ページを復習してください。

助動詞の後のbe動詞は，isでもamでもareでもなくて，beだよね！

しっかり覚えたぞぉ！

まとめ

助動詞の使い方

1. 動詞にくっついて，動詞の意味に変化を加える言葉のことを「助動詞」といいます。(→ p.106)。
2. 日本語では「動詞＋助動詞」の語順ですが，英語では「助動詞＋動詞」「助動詞 + be動詞」という語順となります。(→ p.115)。
3. 助動詞は動詞を主語から守る「壁」になります。助動詞がある文では，動詞に s をつけません。そして，be動詞は元の姿である be のままでいいのですね。(→ p.116)。

助動詞 + s がつかない動詞
助動詞 + be

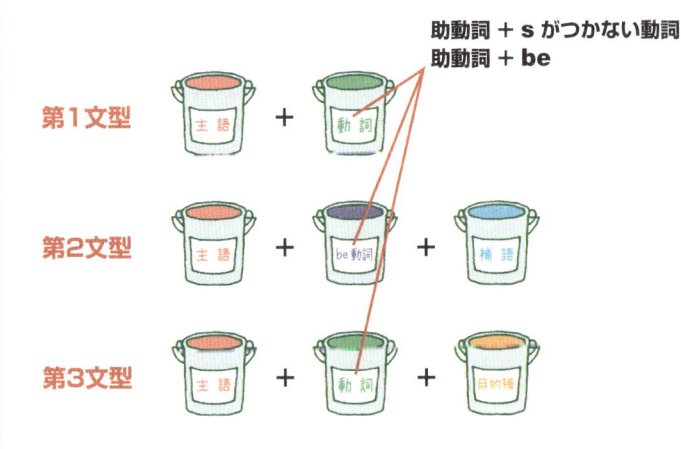

第1文型　主語 ＋ 動詞

第2文型　主語 ＋ be動詞 ＋ 補語

第3文型　主語 ＋ 動詞 ＋ 目的語

LESSON 25 過去のおはなし① 〜be動詞のある文〜

Q 「いつのおはなし」か注意して，英語の文をつくりましょう。

ex ケロ蔵は病気でした。

HINT ケロ蔵は：Kerozo　病気：sick

手順1. 主語，動詞，目的語，補語を見つける

「誰が」病気だったのでしょうか。
「ケロ蔵」ですよね。つまり，主語は「ケロ蔵は」です。

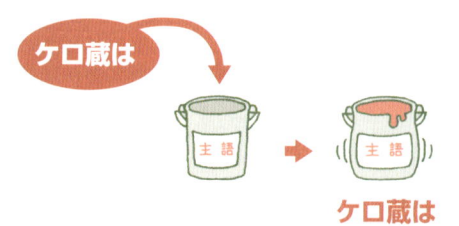

この文は「でした」の形になっていますが，「でした」は単に「です」を過去形にしただけです。つまり「でした」も「です」と同じ種類の言葉として扱います。

すると，「主語」と「でした」で，はさまれた「病気」が補語になりますね。

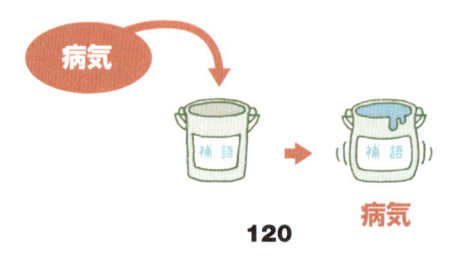

手順2. 英語の語順にならべて，それぞれを英語にする

＜日本語＞

問題文の日本語は「主語＋補語＋でした（です）」の語順になっています。

主語	補語	です
ケロ蔵は	病気	でした（です）

＜英語＞

英語では「主語＋be動詞＋補語」の語順ですね。

主語	be動詞	補語
ケロ蔵は	でした（です）	病気
↓	↓	↓
Kerozo	??	sick

もし，be動詞の部分を is にすると「ケロ蔵は病気です」といっ「現在」の意味になってしまいます。この問題では「ケロ蔵は病気でした」という「過去」の意味にしたいのです。では，どうすればいいのでしょうか。

170ページの be 動詞の変化を見ると，「過去」の場合の be 動詞がわかりますね。

よって，答えは Kerozo was sick. になります。

Q 確かめよう！

1. その車は新しかった。
2. 私は病気だった。
3. 太郎は先生でした。
4. その噂は本当でした。
5. あなたは正直だった。
6. その花は美しかった。
7. その車は古いに違いない。
8. 彼はその赤い車が好きです。

HINT ヒント

1. その車は：the car　新しい：new　be動詞の過去形：was
2. 私は：I　病気：sick　be動詞の過去形：was
3. 太郎は：Taro　先生：a teacher　be動詞の過去形：was
4. その噂は：the rumor　本当：true　be動詞の過去形：was
5. あなたは：you　正直：honest　be動詞の過去形：were
6. その花は：the flower　美しい：beautiful
   be動詞の過去形：was
7. その車は：the car　古い：old　に違いない：must
8. 彼は：he　赤い：red　その車が：the car　好きです：like

A 答え

1. **The car was new.**
2. **I was sick.**
3. **Taro was a teacher.**
4. **The rumor was true.**
5. **You were honest.**
6. **The flower was beautiful.**
7. **The car must be old.**
8. **He likes the red car.**

ポイント

- これらの問題は，170ページの表を覚えれば簡単に解くことができます。ひと通り学習が終わった後に，170ページの表をしっかりと覚えてください。
- 7，8：この問題を間違えたら，今までのところをしっかり復習してください。

170ページの表は，いつ覚えればいいんだぁ～

一度，本を読んで理解してから，覚えるといいよ。

LESSON 26 過去のおはなし② 〜動詞のある文〜

Q 「いつのおはなし」か注意して，英語の文をつくりましょう。

ex ピョン太郎はテニスをした。

HINT ピョン太郎は：Pyontaro
テニスを：tennis　する：play

手順1. 主語，動詞，目的語，補語を見つける

「誰が」テニスをしたのでしょうか。

「ピョン太郎」ですよね。つまり，主語は「ピョン太郎は」です。

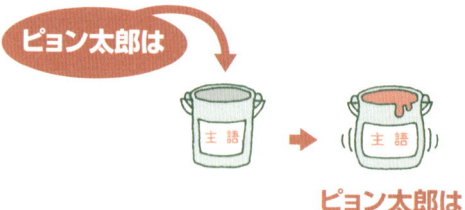

ピョン太郎は → 主語 → **ピョン太郎は**

ピョン太郎は「何を」したのでしょうか。

「テニス」ですよね。つまり，目的語は「テニスを」です。

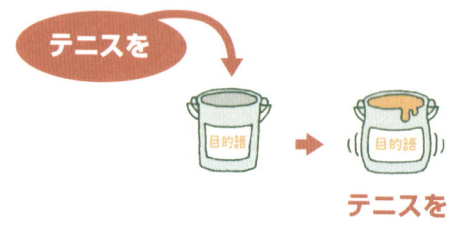

テニスを → 目的語 → **テニスを**

ピョン太郎はテニスを「どうする」のでしょうか。
「した」のですよね。つまり，動詞は「した」です。

手順2. 英語の語順にならべて，それぞれを英語にする

●＜日本語＞

問題文の日本語は「主語＋目的語＋動詞」の語順になっています。

ピョン太郎は　　　テニスを　　　した

＜英語＞

英語では「主語｜動詞｜目的語」の語順ですね。

ピョン太郎は　　　した　　　テニスを
↓　　　　　　↓　　　　　↓
Pyontaro　　　??　　　tennis

もし動詞を plays にすると,「ピョン太郎はテニスをする」という「現在」の意味になってしまいます。この問題では,「ピョン太郎はテニスをした」という「過去」の意味にしたいのです。

　では,どのようにすればいいのでしょうか。

　基本的に,動詞に ed をつければ「過去」の意味にすることができます。

> ※例外もあります。例外は182, 184ページにまとめています。本を読み終わった後でいいので,しっかり覚えておいてくださいね。

Pyontaro plays tennis.
　　　　　〜する

Pyontaro played tennis.
　　　　　〜した

答えは Pyontaro played tennis. になります。

確かめよう！

英語の文をつくりましょう。

1. 彼は写真をとった。
2. 私は英語を教えた。
3. 太郎はその窓を開けた。
4. 私は飛行機の模型を買った。
5. 彼は野球が好きでした。
6. あなたは英語を勉強した。
7. 私はその店に入った。
8. 彼は親切だった。

HINT ヒント

1. 彼は：he　写真を：a picture　とる：take（過去形：took）
2. 私は：I　英語を：English　教える：teach（過去形：taught）
3. 太郎は：Taro　その窓を：the window
　 開ける：open（過去形：opened）
4. 私は：I　飛行機の模型を：a model plane
　 買う：buy（過去形：bought）
5. 彼は：he　野球が：baseball　好きです：like（過去形：liked）
6. あなたは：you　英語を：English
　 勉強する：study（過去形：studied）
7. 私は：I　その店に：the shop
　 入る：enter（過去形：entered）
8. 彼は：he　親切：kind　be動詞の過去形：was

A 答え

1. He took a picture.
2. I taught English.
3. Taro opened the window.
4. I bought a model plane.
5. He liked baseball.
6. You studied English.
7. I entered the shop.
8. He was kind.

! ポイント

・基本的に動詞に ed をつければ過去形にできますが、1、2、4、5、6のように例外もあります。この例外は覚えるしかありませんので、本をひと通り読んだ後に、ジックリ覚えてください。なお、8は復習です。

内容は理解できたぞぉ！でも表を覚えるのはたいへんだぁ〜

ここは誰しも歯を食いしばりながら覚えたところだよ。頑張って覚えるしかないよ。

LESSON 27 未来のおはなし

Q 「いつのおはなし」か注意して,英語の文をつくりましょう。

ex ピョン太郎はバレーボールをするでしょう。

HINT ピョン太郎は：Pyontaro
バレーボールを：volleyball　する：play

手順 1. 主語, 動詞, 目的語, 補語を見つける

「誰が」バレーボールをするのでしょうか。

「ピョン太郎」ですよね。つまり, 主語は「ピョン太郎は」です。

ピョン太郎は

ピョン太郎は

ピョン太郎は「何を」するのでしょうか。

「バレーボール」ですね。つまり, 目的語は「バレーボールを」です。

バレーボールを

バレーボールを

178ページの「助動詞の表」を見てください。「でしょう」が助動詞だとわかります。つまり、「ピョン太郎はバレーボールをする」に「でしょう」という助動詞がくっついている文なのです。

する＋でしょう

動詞 ➡ する＋でしょう

手順2. 英語の語順にならべて、それぞれを英語にする

○ <日本語>

問題文の日本語は「主語＋目的語＋動詞＋助動詞」の語順になっています。

主語	目的語	動詞
ピョン太郎は	バレーボールを	する＋でしょう

<英語>

英語では「主語＋助動詞＋動詞＋目的語」の語順ですね。

主語	動詞	目的語
ピョン太郎は	でしょう＋する	バレーボールを
↓	↓	↓
Pyontaro	??＋play	volleyball

178ページの表を見ると,「でしょう」は will だとわかります。

よって,Pyontaro will play volleyball. となります。

ただし,もしピョン太郎が,話す前から,将来にバレーボールをすることが決まっていれば,will よりも「be動詞 + going to」を使う方がいいでしょう。つまり,Pyontaro is going to play volleyball. となります。

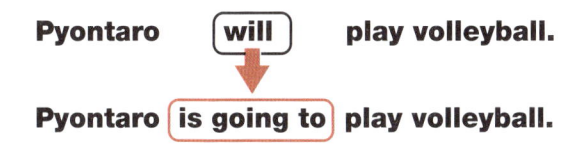

Pyontaro ⬚will⬚ **play volleyball.**

Pyontaro ⬚is going to⬚ **play volleyball.**

このように,未来のおはなしである「〜でしょう」を英語にするには,助動詞の will を使う場合と「be動詞 + going to」を使う場合の2通りあることを覚えておきましょう。

確かめよう！

英語の文をつくりましょう。

1. 彼は野球をするでしょう。
2. 彼女は新しい車を買うでしょう。
3. 太郎はその本を売るでしょう。
4. これは彼の車に違いない。
5. 私は新しい車を買った。

HINT ヒント

1. 彼は：he　野球を：baseball　する：play
   でしょう：will（is going to）
2. 彼女は：she　新しい：new　車を：a car　買う：buy
   でしょう：will（is going to）
3. 太郎は：Taro　その本を：the book　売る：sell
   でしょう：will（is going to）
4. これは：this　彼の車：his car　に違いない：must
5. 私は：I　新しい：new　車を：a car
   買う：buy（過去形：bought）

A 答え

1. He will play baseball. /
   He is going to play baseball.
2. She will buy a new car. /
   She is going to buy a new car.
3. Taro will sell the book. /
   Taro is going to sell the book.
4. This must be his car.
5. I bought a new car.

まとめ

現在を，過去と未来にする

1. 日本語では，現在の話を過去の話にしたいとき，動詞を「〜する」から「〜した」に変えます。

   （例）私は野球をする（現在）→ 私は野球をした（過去）

   英語でも同じです。現在の話を過去の話にするには，動詞の形を変えます。「be動詞」は170ページの表のように，「動詞」は，原則，単語の終わりに ed をつけます。ただし182，184ページにあるような例外もあります。

2. 日本語では，現在の話を未来話にしたいとき，「〜でしょう（助動詞）」を動詞につけます。

(例) 私は野球をする（現在）
→ 私は野球をするでしょう（未来）

英語も同じです。現在の話を未来話にするときは，「〜でしょう」を動詞の前に置きます。話す前から決まっていた未来の話のときは「be動詞 + going to」を，普通の未来は will を動詞の前に置くのですね。

**過去にするには動詞の姿を変える！
未来にするには，動詞の前に「でしょう」を加える！**

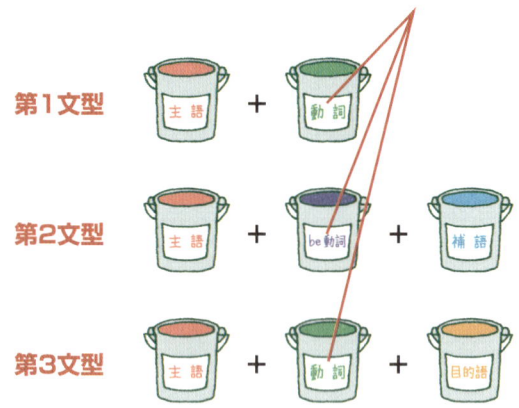

第1文型　主語 + 動詞

第2文型　主語 + be動詞 + 補語

第3文型　主語 + 動詞 + 目的語

JUMPでは，HOPとSTEPで学習した内容をさらに発展させます。「難しいこと」を学習するので，どうしても理解できない人は，次のシリーズである［レベル2］，［レベル3］を読んでからでも遅くはありません。JUMPは飛ばして，［レベル2］，［レベル3］のHOPとSTEPを勉強しましょう。

LESSON 28 「…を〜すること」 〜「to＋動詞」の応用〜

Q 「何を」読むのかに注意して，英語にしてみましょう。

ex 本を読むこと

HINT 本を：a book　読む：read

レクチャー 1.「…を〜すること」を英語にする

動詞にくっつく「こと」は to ですね。では「本を読む」は，どのように英語にすればいいのでしょうか。

本を読む　こと
　↓　　　　↓
　?　　　**to**

「本を読む」を英語になおすコツは，一時的に「（私は）」をくっつけて「（私は）本を読む」の形にしてみることです。「（私は）本を読む」を英語にすると，(I) read a book. ですよね。

ここで「（私は）＝(I)」を隠してみてください。すると，「本を読む」は read a book になるとわかります。

（私は）本を読む　　　(I) read a book.
　　　　↓　　　　　　私は (I) を隠す
　本を読む　　　　　　read a book.

136

「本を読む」は read a book, 「こと」は to なので, to を動詞の前にもってきて, 答えは to read a book になります。

```
本を読む    こと
read a book  to   ➡ to read a book
```

レクチャー2.「動詞のing形」に言い換える

「to〜」は, 微妙にニュアンスが違うものの「動詞のing形」で言い換えることができます。

つまり, to read a book の to read を reading に言い換えた reading a book も答えになります。

```
to read  a book
 └ reading
```

答えは to read a book, あるいは reading a book になります。

確かめよう！

英語の文にしてみましょう。

1. 英語を勉強すること
2. 走ること
3. ボールを投げること
4. 泳ぐこと
5. 英語を教えること
6. 学校に行くこと
7. 音楽を聞くこと
8. テレビを見ること
9. 手紙を書くこと
10. ギターを弾くこと

ヒント

1. 英語を：English　勉強する：study（ing形：studying）
2. 走る：run（ing形：running）
3. ボールを：a ball　投げる：throw（ing形：throwing）
4. 泳ぐ：swim（ing形：swimming）
5. 英語を：English　教える：teach（ing形：teaching）
6. 学校に：school　行く：go to（ing形：going to）
7. 音楽を：music　聞く：listen to（ing形：listening to）
8. テレビを：TV　見る：watch（ing形：watching）
9. 手紙を：a letter　書く：write（ing形：writing）
10. ギターを：the guitar　弾く：play（ing形：playing）

A 答え

1. **to study English / studying English**
2. **to run / running**
3. **to throw a ball / throwing a ball**
4. **to swim / swimming**
5. **to teach English / teaching English**
6. **to go to school / going to school**
7. **to listen to music / listening to music**
8. **to watch TV / watching TV**
9. **to write a letter / writing a letter**
10. **to play the guitar / playing the guitar**

! ポイント

・listen to ~ や go to ~ は,「listen と to」「go と to」で「1セット」になっている動詞として考えればいいでしょう。

LESSON 29 「…を〜すること」の応用 〜目的語として使う〜

Q 何を「目的語」にするのかを考えて，英語の文をつくりましょう。

ex ピョン太郎は音楽を聞くことが好きです。

HINT ピョン太郎は：Pyontaro　音楽を：music
聞く：listen to（ing形：listening to）　好きです：like

手順1．主語，動詞，目的語，補語を見つける

「誰が」音楽を聞くことが好きなのでしょうか。「ピョン太郎」ですよね。つまり，主語は「ピョン太郎は」です。

ピョン太郎は

主語 ➡ 主語
ピョン太郎は

ピョン太郎は「何が」好きなのでしょうか。「音楽を聞くこと」ですね。つまり，目的語は「音楽を聞くことが」です。

音楽を聞くことが

目的語 ➡ 目的語
音楽を聞くことが

140

ピョン太郎は音楽を聞くことが「どうなの」でしょうか。「好き」なのですよね。つまり、動詞は「好きです」です。

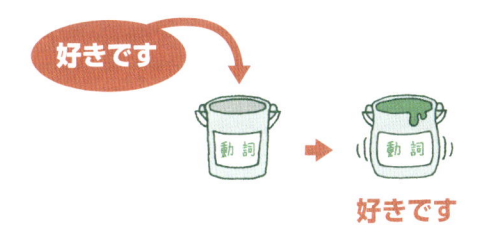

好きです → 動詞 好きです

手順2. 英語の語順にならべて、それぞれを英語にする

● <日本語>

問題文の日本語は「主語＋目的語＋動詞」の語順になっています。

ピョン太郎は　　音楽を聞くことが　　好きです

<英語>

英語では「主語＋動詞＋目的語」の語順ですね。

ピョン太郎は　　好きです　　音楽を聞くことが
↓　　　　　　　↓　　　　　　↓
Pyontaro　　　likes　　　　??

※動詞「好き」の目的語の形に注意（→ p.25, 35, 82）。

「音楽を聞くことが」を,どのように英語にすればいいのでしょうか。

「こと」は to です。「音楽を聞く」を英語にするためには,一時的に「(私は)」をつけて,「(私は) 音楽を聞く」という文で考えればいいのです。

| (私は) 音楽を聞く | (I) listen to music. |

私は (I) を隠す

| 音楽を聞く | listen to music. |

「音楽を聞く」は listen to music だとわかります。「音楽を聞くこと」は to listen to music になりますね。

また「to〜」は,微妙にニュアンスは違いますが,「動詞の ing形」で言い換えることができるので,「音楽を聞くこと」は listening to music とも言えます。

Pyontaro likes 音楽を聞くことが .
　　　　　　　　　— **to listen to music**
　　　　　　　　　— **listening to music**

よって,答えは Pyontaro likes to listen to music. もしくは Pyontaro likes listening to music. になります。

LESSON 30 「…を〜すること」の応用 〜主語として使う〜

Q 何が「主語」になるのかを考えて，英語の文をつくりましょう。

ex 野球をすることは面白い。

HINT 野球を：baseball　する：play（ing形：playing）
面白い：interesting　be動詞：is

手順1．主語，動詞，目的語，補語を見つける

「何が」面白いのでしょうか。そうですね。「野球をすること」ですね。つまり，主語は「野球をすることは」になります。

野球をすることは

野球をすることは

この文には「です」をつけることができますよね。「主語」と「です」に，はさまれた言葉が「補語」なので，「面白い」が補語になります。

面白い

面白い

手順2. 英語の語順にならべて、それぞれを英語にする

● <日本語>

問題文の日本語は「主語＋補語＋（です）」の語順になっています。

野球をすることは　　**面白い**　　**（です）**

<英語>

英語では「主語＋be動詞＋補語」の語順ですね。

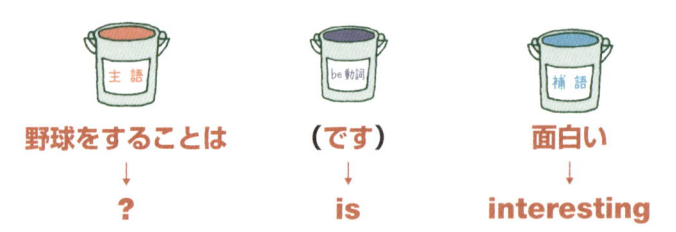

野球をすることは　　**（です）**　　**面白い**
　↓　　　　　　　　　↓　　　　　　　↓
　?　　　　　　　　**is**　　　　　**interesting**

では、「野球をすることは」を、どのように英語にすればいいのでしょうか。

「こと」は to です。「野球をする」を英語にするためには、一時的に「(私は)」をつけて、「(私は) 野球をする」という文で考えればいいのです。

| （私は）野球をする | （I）play baseball |

野球をする　　　play baseball　　　私は（I）を隠す

「野球をする」は play baseball になるので，「野球をすること」は to play baseball になります。

また「to～」は，微妙にニュアンスは違うものの，「動詞のing形」で言い換えることができます。

よって，playing baseball でもOKです。

| 野球をすることは | is interesting.

┣━ **To play baseball**
┗━ **Playing baseball**

答えは To play baseball is interesting. あるいは Playing baseball is interesting. になります。

＜英語をもっと知るために＞

　実は，To play baseball is interesting. は，あまり使われない英語の文です。それは，「英語では長いものは後ろにする習慣がある」からです。問題の英文で説明します。

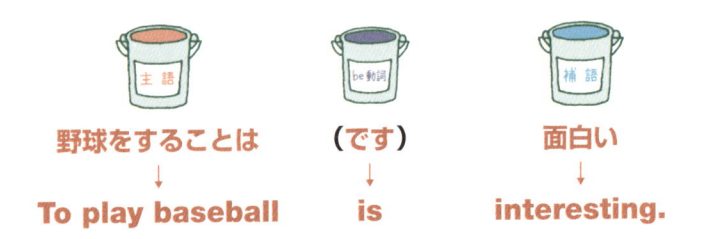

主語	be動詞	補語
野球をすることは	（です）	面白い
↓	↓	↓
To play baseball	is	interesting.

　主語の To play baseball は長いですよね。
英語では長いものを後ろに持っていく習慣があるので，主語の To play baseball を文末に置いてみましょう。

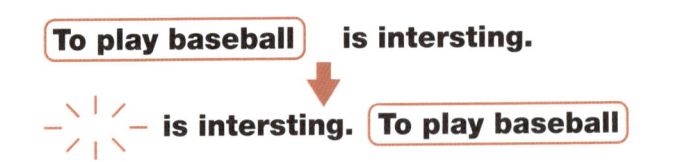

　To play baseball　is intersting.

　※　is intersting.　To play baseball

　次に，「To play baseball を文末に置いたというマークの It を主語の位置で使います。

　　　　　＝
　It is interesting. To play baseball

主語が長い To play baseball is interesting. とはせずに，It is interesting to play baseball. という英語の文の方がいいでしょう。つまり，答えは It is interesting to play baseball. または Playing baseball is interesting. になります。

このように「to〜」が主語に来たときは，「to〜」を文末にもっていって，その代わりに主語の位置に It を置くことを，しっかりと覚えておいてください。なぜ It を使うのかはあまり考えないで，機械的に以下のように覚えてしまいましょう。

To〜 is A ＝ It is A to〜 ＝ 〜することはAです

なぜ，この公式のようなものがでてくるのかは，「バケツの絵」を見てイメージしておきましょう。

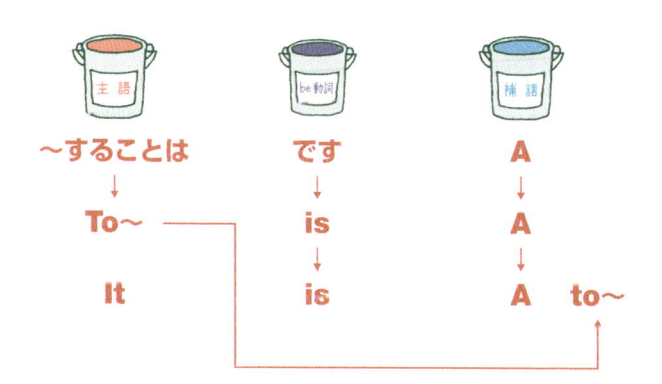

主語	be動詞	補語
〜することは	です	A
↓	↓	↓
To〜	is	A
↓	↓	↓
It	is	A　to〜

確かめよう！

英語の文をつくりましょう。

1. 英語を教えることは難しい。
2. 英語を勉強することは面白い。
3. 彼女は音楽を聞くことが好きです。
4. 私は走ることが好きです。
5. 泳ぐことは面白い。
6. 彼女は手紙を書き始めた。

ヒント

1. 英語を：English　教える：teach（ing形：teaching）
   難しい：difficult
2. 英語を：English　勉強する：study　面白い：interesting
3. 彼女は：she　音楽を：music
   聞く：listen to（ing形：listening to）　好きです：like
4. 私は：I　走る：run（ing形：running）　好きです：like
5. 泳ぐ：swim（ing形：swimming）　面白い：interesting
6. 彼女は：she　手紙を：a letter　書く：write（ing形：writing）
   始める：begin（過去形：began）

A 答え

1. **It is difficult to teach English.** /
   Teaching English is difficult.
2. **It is interesting to study English.** /
   Studying English is interesting.
3. **She likes to listen to music.** /
   She likes listening to music.
4. **I like to run. / I like running.**
5. **It is interesting to swim.** /
   Swimming is interesting.
6. **She began to write a letter.** /
   She began writing a letter.

ポイント

・そろそろ「主語」「動詞」「目的語」「補語」を見つけにくくなってきたのではないでしょうか。慣れれば簡単に見つけられるようになるので,何度も「確かめよう!」を解いて「慣れる」ようにしましょう。

・6:「書き始めた→書くことを始めた」と言い換えることができます。「こと」の形になっていないからといって,惑わされることがないようにしましょう。

まとめ

「～すること」の使い方

1. 「～すること」は，「to～」あるいは「動詞の ing 形」で，英語にすることができます (→ p.137)。
2. 「野球をすること」のように，英語にするのが難しい場合は，一時的に「(私は)」をつけて考えてみましょう (→ p.136)。
3. 英語では，長いものは後ろに持っていく習慣があります。例えば，主語に長い「To～」を置く場合は，「To～」を後ろにもってきて，「It is A to～」の形にする方がいいでしょう (→ p.146)。

「こと」でも，いろいろ勉強することがあるんだなぁ～

そうだね。いろいろありすぎて混乱してきたら，繰り返し復習しよう！繰り返すことが上達の秘訣だよ。

LESSON 31 「動詞のing形」の応用 〜形容詞として使う〜

Q 「形容詞」の使い方を思い出して，英語にしてみましょう。

ex 音楽を聞いている少年

HINT
音楽を：music
聞く：listen to（ing形：listening to）
少年：the boy

レクチャー 1. 形容詞と同じ使い方をする言葉

どのような少年でしょうか。

音楽を勉強している少年ではなく，歌を歌っている少年でもなく，「音楽を聞いている少年」ですよね。つまり「音楽を聞いている」は，どのような少年なのかを説明している言葉です。

どのような名詞なのかを説明する言葉のことを「形容詞」といいます（→ p.95）。「音楽を聞いている」は形容詞ではありませんが，形容詞と同じ使い方なので，「＜　＞」をつけるようにしましょう。

＜音楽を聞いている＞少年

レクチャー2.「＜形容詞的な言葉＞名詞」を英語にする

さて、問題に戻ります。「＜音楽を聞いている＞少年」は、どのように英語にすればいいのでしょうか。

「少年」は the boy ですよね。「音楽を聞いている」を英語にするコツは、一時的に「(私は)」をつけて、「(私は) 音楽を聞いている」にするといいでしょう。

(私は)音楽を聞いている　(I) am listening to music.

私は (I) を隠す

音楽を聞いている　　　am listening to music.

つまり「音楽を聞いている」は am listening to music だとわかります。ただ、問題文では、「動詞」ではなく、「形容詞」のように使われているので「be動詞」を抜いて listening to music とします（詳細は「まとめ」の p.166 参照）。

「少年」は the boy、「音楽を聞いている」は listening to music です。では「＜音楽を聞いている＞少年」を、どのように英語にすればいいのでしょうか。

「音楽を聞いている」は、形容詞と同じ働きをするので、形容詞と同じ「a / the ＋＜音楽を聞いている＞＋少年」の順にしたいところです。しかし、「～(を)している」という意味の「動詞の ing 形」で名詞を説明する場合は、名詞の後に置かなければいけません。つまり「音楽を聞いている」は、名詞の後に置く必要があるのです。

🔴 <日本語>

＜音楽を聞いている＞少年

🇺🇸 <英語>

少年＜音楽を聞いている＞

「＜音楽を聞いている＞少年」は，「the boy ＜listening to music＞」になります。

ところで，「音楽を聞いている」は，listening to music で，英単語「3語」です。このように「＜　＞＋名詞」の「＜　＞」の部分が，英単語「2語以上」ある場合は，名詞の後ろにもってきて「名詞＋＜　＞」の語順にするという決まりもあります。

> ※「動詞の ing 形」が，1語で名詞を説明する場合（1語の形容詞と同じく，「＜　＞＋名詞」の語順），意味に注意してください。例えば，the swimming boy は「（一時的に）泳いでいる少年」ではなく，「（何らかの理由で常に）泳ぎ続けている少年」というようなニュアンスになってしまいます。「泳いでいる少年」を英語にしたい場合は，例えば，the boy swimming in the ocean（海で泳いでいる少年）のようにする必要があります。

Q 確かめよう！

英語の文にしてみましょう。

1. テレビを見ている少女
2. ボールを投げている少年
3. ギターを弾いている少年
4. 音楽を聞いている少女
5. 手紙を書いている少女
6. 野球をしている少年

HINT ヒント

1. テレビ：TV　見る：watch（ing形：watching）　少女：the girl
2. ボール：a ball　投げる：throw（ing形：throwing）
   少年：the boy
3. ギター：the guitar　弾く：play（ing形：playing）
   少年：the boy
4. 音楽：music　聞く：listen to（ing形：listening to）
   少女：the girl
5. 手紙：a letter　書く：write（ing形：writing）　少女：the girl
6. 野球：baseball　する：play（動詞のing形：playing）
   少年：the boy

A 答え

1. **the girl watching TV**
2. **the boy throwing a ball**
3. **the boy playing the guitar**
4. **the girl listening to music**
5. **the girl writing a letter**
6. **the boy playing baseball**

ポイント

- watching TV のように「2単語以上の英語」で名詞を説明する場合，名詞の後ろに置きます。

> 何かいきなり難しくなった気がするぞぉ

> 長くなって，難しく感じるだけで，やっていることはLesson28と同じだよ！

LESSON 32 名詞＋〈形容詞的な動詞のing形〉〜目的語として使う〜

Q「目的語」に注意して，英語の文をつくりましょう。

ex 私はサッカーをしている少年を見た。

HINT 私は：I　サッカーを：soccer
する：play（ing形：playing）
少年：the boy　見た：saw

手順 1. 主語，動詞，目的語，補語を見つける

「誰が」サッカーをしている少年を見たのでしょうか。「私」ですよね。つまり，主語は「私は」です。

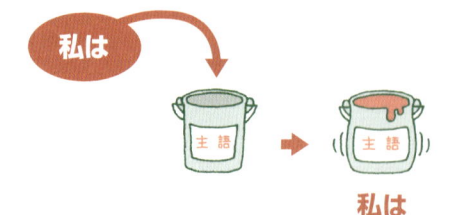

私は

私は「何を」見たのでしょうか。「サッカーをしている少年」ですね。つまり，目的語は「サッカーをしている少年を」です。

サッカーをしている少年を

サッカーをしている少年を

156

私はサッカーをしている少年を「どうする」のでしょうか。「見た」のですね。つまり，動詞は「見た」です。

手順2. 英語の語順にならべて，それぞれを英語にする

● <日本語>

問題文の日本語は「主語＋目的語＋動詞」の語順になっています。

私は　　　サッカーをしている少年を　　　見た

<英語>

英語では「主語＋動詞＋目的語」の語順ですね。

私は　　　見た　　　サッカーをしている少年を
↓　　　　↓　　　　↓
I　　　　saw　　　??

では「サッカーをしている少年を」をどのように英語にすればいいのでしょうか。

「少年」は the boy です。「サッカーをしている」を英語にするコツは、一時的に「(私は)」をつけるといいのでした。

| (私は)サッカーをしている　　(I) am playing soccer. |

私は(I)を隠す

| サッカーをしている　　　　am playing soccer. |

am playing soccer は、形容詞のように使われているので、「be動詞」を消せばいいのですね。つまり、「サッカーしている」は、playing soccer となります。

「少年」は the boy で、「サッカーをしている」は playing soccer です。では「＜サッカーをしている＞少年」はどのように英語にすればいいのでしょうか。

「サッカーをしている」は、どのような「少年(名詞)」なのか説明している言葉です。つまり、形容詞のような働きをする言葉なので、形容詞と同じように名詞の前に置きたいところですが、英語は長いものは後ろにもってくる必要があります。ここでは、playing soccer なので、英単語「2語」ですね。

🔴 <日本語>

＜サッカーをしている＞少年

🇺🇸 <英語>

少年＜サッカーをしている＞

⬇

the boy＜playing soccer＞

「＜サッカーをしている＞少年」は the boy playing soccer となります。

主語	動詞	目的語
私は	見た	サッカーをしている少年を
↓	↓	↓
I	saw	the boy playing soccer

答えは，I saw the boy playing soccer. になります。

LESSON 33 名詞＋〈形容詞的な動詞のing形〉 〜主語として使う〜

Q 「主語」に注意して，英語の文をつくりましょう。

ex ボールを投げている少年はケロ蔵です。

HINT
ボール：a ball
投げる：throw（ing形：throwing）
少年：the boy　ケロ蔵：Kerozo
be動詞：is

手順 1. 主語，動詞，目的語，補語を見つける

「誰が」ケロ蔵なのでしょうか。そうですね。「ボールを投げている少年」ですね。つまり，主語は「ボールを投げている少年は」になります。

ボールを投げている少年は　→　ボールを投げている少年は

この文には「です」がついていますね。「主語」と「です」にはさまれた言葉が「補語」なので，「ケロ蔵」が補語になります。

ケロ蔵

手順 2. 英語の語順にならべて，それぞれを英語にする

JUMP LESSON 33

● <日本語>

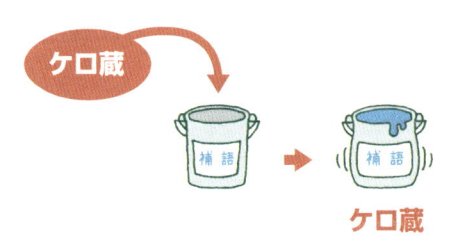

問題文の日本語は「主語＋補語＋です」の語順になっています。

ボールを投げて　　　ケロ蔵　　　です
いる少年は

<英語>

英語では「主語＋be動詞＋補語」の語順ですね。

主語	be動詞	補語
ボールを投げて いる少年は	です	ケロ蔵
↓	↓	↓
？	is	Kerozo

161

では,「ボールを投げている少年は」を,どのように英語にすればいいのでしょうか。

「少年」は the boy です。「ボールを投げている」を,英語にするコツは,一時的に「(私は)」をつけてみるといいのでした。

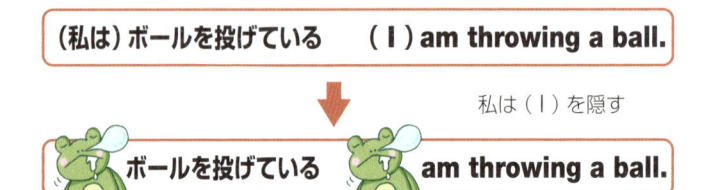

| (私は)ボールを投げている | (I) am throwing a ball. |

私は(I)を隠す

| ボールを投げている | am throwing a ball. |

「ボールを投げている」は,am throwing a ball になります。

am throwing a ball は,形容詞のように使われているので,「be動詞」を消せばいいのですね。つまり,「ボールを投げている」は throwing a ball となります。

「少年」は the boy で,「ボールを投げている」は throwing a ball です。では「＜ボールを投げている＞少年」は,どのように英語にすればいいのでしょうか。

「ボールを投げている」は,どのような「少年(名詞)」なのか説明している言葉です。つまり,形容詞のような働きをする言葉なので,形容詞と同じように名詞の前に置きたいところですが,英語は長いものは後ろにもってくる必要があります。問題文は,throwing a ball なので英単語「3語」ですね。

○ <日本語>

＜ボールを投げている＞少年

<英語>

少年＜ボールを投げている＞
⬇
the boy ＜throwing a ball＞

「＜ボールを投げている＞少年」は the boy throwing a ball となります。

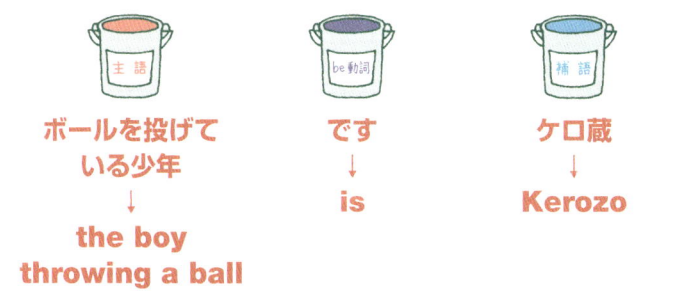

主語	be動詞	補語
ボールを投げている少年 ↓ **the boy throwing a ball**	です ↓ **is**	ケロ蔵 ↓ **Kerozo**

答えは The boy throwing a ball is Kerozo になります。

Q 確かめよう！

英語の文にしてみましょう。

1. 彼は音楽を聞いている少女を見た。
2. テレビを見ている少女は花子です。
3. 彼は野球をしている少年を見た。
4. 彼女はギターを弾いている少年を見た。
5. ボールを投げている少年は私の弟です。
6. 手紙を書いている少女は私の妹です。
7. ピアノを弾いている少女はミホです。

HINT ヒント

1. 彼は：he　音楽を：music　聞く：listen to（ing形：listening to）
   少女を：the girl　見る：see（過去形：saw）
2. テレビを：TV　見る：watch（ing形：watching）　花子：Hanako
3. 彼は：he　野球を：baseball
   する：play（動詞の ing形：playing）
   少年を：the boy　見る：see（過去形：saw）
4. 彼女は：she　ギターを：the guitar
   弾く：play（ing形：playing）見る：see（過去形：saw）
5. ボールを：a ball　投げる：throw（ing形：throwing）
   私の弟：my brother
6. 手紙を：a letter　書く：write（ing形：writing）　be動詞：is
   私の妹：my sister
7. ピアノを：the piano　弾く：play（ing形：playing）
   be動詞：is　ミホ：Miho

A 答え

1. **He saw the girl listening to music.**
2. **The girl watching TV is Hanako.**
3. **He saw the boy playing baseball.**
4. **She saw the boy playing the guitar.**
5. **The boy throwing a ball is my brother.**
6. **The girl writing a letter is my sister.**
7. **The girl playing the piano is Miho.**

ポイント

・主語，動詞，目的語，補語は何なのかに注意しましょう。
1. 主語：彼は，目的語：＜音楽を聞いている＞少女を，動詞：見た
2. 主語：＜テレビを見ている＞少女は，補語：花子
3. 主語：彼は，目的語：＜野球をしている＞少年を，動詞：見た
4. 主語：彼女は，目的語：＜ギターを弾いている＞少年を，動詞：見た
5. 主語：＜ボールを投げている＞少年は，補語：私の弟
6. 主語：＜手紙を書いている＞少女は，補語：私の妹
7. 主語：＜ピアノを弾いている＞少女は，補語；ミホ

まとめ

「動詞の ing 形」を生かして使う方法

1. 「野球をしている少年」の「野球をしている」のように，「どのような名詞」なのか説明する言葉があります。英文をつくるとき，このような形容詞的な言葉には，「＜　＞」をつけて考えます（→ p.151）。

2. 「〜している」の部分は「動詞の ing 形」を使って英語にします（→ p.152）。

3. 「野球をしている」のように，「長い形容詞的な言葉」を英語にするコツは，一時的に「(私は)」をつけて考えます（→ p.152）。
   (例)（私は）野球をしている → (I) am playing baseball.

4. 「〜（を）している」という意味で，「動詞の ing 形」を形容詞的に使うときは，名詞の後ろに置いて，その名詞を説明します。
   (例) 長い場合：a boy ＜playing baseball＞
   　　　　　　　（＜野球をしている＞少年）

※「動詞 ing 形」だけで（1語だけで）名詞を説明するときは，名詞の直前に「動詞 ing 形」を置きますが，意味に注意しましょう。

a dancing girl　→　× 踊っている少女
　　　　　　　　　　○ 踊り子

動詞のing形には3つの使い方がある

動詞のing形には3つの意味があります。いつ，どのような訳し方になるのかは，何度も問題を解いて慣れてくればわかるようになります。

1. **be動詞 ＋ 動詞のing形 ＝ 〜している** (→ p.70)

私は	している	野球を
↓	↓	↓
I	am playing	baseball.

(主語／動詞／目的語)

「動詞」の位置が，「be動詞＋動詞のing形」のときは，「〜しているところ」となります。ちなみに，この形を「現在進行形」といいます。

2. **動詞のing形 ＝ 〜すること** (→ p.80)

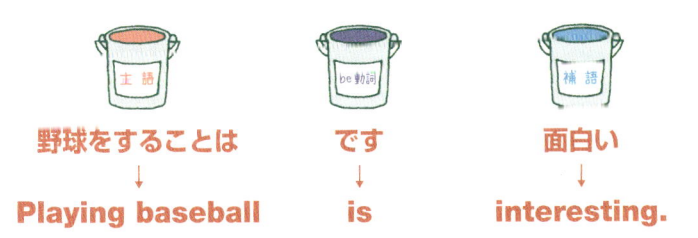

野球をすることは	です	面白い
↓	↓	↓
Playing baseball	is	interesting.

(主語／be動詞／補語)

主語・補語・目的語の位置に「動詞のing形」の形が出てきたときは、「〜すること」になります。なお、この「動詞のing形」のときは、微妙にニュアンスが違うものの「to〜」で言い換えることができます。

　ちなみに、この形を「動名詞」といいます。

3. ＜動詞のing形＞で名詞を説明＝＜〜している＞名詞
　（→ p.151）

＜野球をしている＞少年は	です	太郎
↓	↓	↓
The boy ＜playing baseball＞	is	Taro

　3は、2と同じく、「動詞のing形」で説明されている名詞が、主語・補語・目的語の位置に出てきますが、2とは違って、「名詞」を説明するために、名詞の前後に置かれます。「a [the] ＋＜動詞のing形＞＋名詞」あるいは「a [the] ＋名詞＋＜動詞のing形〜＞」の形になります。

　ちなみに、この形を「現在分詞」といいます。

覚えよう！

● 全ての英文と日本語訳，「覚えよう！」の重要暗記事項は
CDに収録されています。

CD2-29：全ての英文と日本語訳
CD30：be動詞の変化
CD31：代名詞
CD32：助動詞
CD33：動詞の過去形　不規則変化①
CD34-35：動詞の過去形　不規則変化②

(ボーナストラックCD36-66の内容)

CD36　文型	**CD51**　主語になる言葉
CD37　第1文型	**CD52**　動詞になる言葉
CD38　第1文型の英文	**CD53**　目的語になる言葉
CD39　第2文型	**CD54**　目的語になる動名詞，不定詞
CD40　補語，be動詞	**CD55**　補語になる言葉
CD41　第3文型	**CD56**　補語のある英語の文
CD42　主語，目的語，動詞	**CD57**　3人称単数現在の s
CD43　第3文型の英文	**CD58**　3人称単数現在
CD44　基本の基本の確認	**CD59**　形容詞
CD45　主語になる言葉	**CD60**　現在進行形
CD46　名詞	**CD61**　ing形にできない動詞
CD47　代名詞	**CD62**　動名詞
CD48　名詞の仲間	**CD63**　現在分詞
CD49　〜すること	**CD64**　助動詞
CD50　主語になるto+動詞	**CD65**　助動詞で英文をつくる
	CD66　aとthe

覚えよう！ ～be動詞の変化～ CD30
主語によって，時によって

■ 現在の話

元のかたち（原形）	be		
主語が「私」	am	主語が「私たち」	are
主語が「彼」「彼女」「それ」「あれ」「これ」	is	主語が「彼ら」「彼女たち」「それら」「あれら」「これら」	are
主語が「あなた」	are	主語が「あなたたち」	are

■ 過去の話

元のかたち（原形）	be		
主語が「私」	was	主語が「私たち」	were
主語が「彼」「彼女」「それ」「あれ」「これ」	was	主語が「彼ら」「彼女たち」「それら」「あれら」「これら」	were
主語が「あなた」	were	主語が「あなたたち」	were

※「太郎は」「ケロ蔵は」のときは，主語を代名詞に変えて考えます。この場合は，「彼は」と同じなので，be動詞は is, was を使います。主語が複数のときは，are, were のみと覚えましょう。

確かめよう！〜be動詞の変化〜

主語によって，時によって

■ 現在の話

元のかたち（原形）	
主語が「私」	

主語が「私たち」	

主語が「彼」「彼女」「それ」「あれ」「これ」	

主語が「彼ら」「彼女たち」「それら」「あれら」「これら」	

主語が「あなた」	

主語が「あなたたち」	

※「太郎は」「ケロ蔵は」が主語のときに使うbe動詞は？

■ 過去の話

元のかたち（原形）	
主語が「私」	

主語が「私たち」	

主語が「彼」「彼女」「それ」「あれ」「これ」	

主語が「彼ら」「彼女たち」「それら」「あれら」「これら」	

主語が「あなた」	

主語が「あなたたち」	

覚えよう！

覚えよう！ ～代名詞～ CD31

I	私は
you	あなたは
he	彼は
she	彼女は
it	それは

we	私たちは
you	あなたたちは
they	彼らは
they	彼女たちは
they	それらは

ここは覚えるだけです。

余裕のある人は，以下の表も覚えましょう。

I	my	me	we	our	us
私は 私が	私の	私を 私に	私たちは 私たちが	私たちの	私たちを 私たちに
you	your	you	you	your	you
あなたは あなたが	あなたの	あなたを あなたに	あなたたちは，あなたたちが	あなたたちの	あなたたちを，あなたたちに
he	his	him	they	their	them
彼は 彼が	彼の	彼を 彼に	彼らは 彼らが	彼らの	彼らを 彼らに
she	her	her	they	their	them
彼女は 彼女が	彼女の	彼女を 彼女に	彼女たちは 彼女たちが	彼女たちの	彼女たちを 彼女たちに
it	its	it	they	their	them
それは それが	それの	それを それに	それらは それらが	それらの	それらを それらに

石崔かめよう！ 〜代名詞〜

	私は
	あなたは
	彼は
	彼女は
	それは

	私たちは
	あなたたちは
	彼らは
	彼女たちは
	それらは

覚えよう！

私は 私が	私の	私を 私に	私たちは 私たちが	私たちの	私たちを 私たちに
あなたは あなたが	あなたの	あなたを あなたに	あなたたちは, あなたたちが	あなたたちの	あなたたちを, あなたたちに
彼は 彼が	彼の	彼を 彼に	彼らは 彼らが	彼らの	彼らを 彼らに
彼女は 彼女が	彼女の	彼女を 彼女に	彼女たちは 彼女たちが	彼女たちの	彼女たちを 彼女たちに
それは それが	それの	それを それに	それらは それらが	それらの	それらを それらに

覚えよう！ 〜3人称単数現在〜 s のつけ方

〈ポイント〉

be動詞以外の動詞は，主語が3人称で，ひとり［ひとつ］（単数）の場合，「時」が現在ならば，動詞の姿が変化します。
（この場合を，「3人称単数現在」といいます。）

基本	⇒	動詞の原形に s をつける	（例）like → likes
語尾が「子音字+o」, s, x, ch, sh	⇒	動詞の語尾に es をつける	（例）go → goes
語尾が 子音字 + y	⇒	y を i に変えて es をつける	（例）study → studies
その他	⇒	不規則な変化	（例）have → has

「a, i, u, e, o」のことを「母音字」といいます。母音字以外のアルファベットのことを「子音字」といいます。

つまり，「子音字 + y の場合は y を i に変えて, es 」を，具体的に説明すると，「語尾が, ay, iy, uy, ey, oy 以外の場合は, y を i に変えて, es をつける」ということです。

例えば，「study」の場合を考えてみます。「study」の語尾は「dy」です。ということは「ay, iy, uy, ey, oy 以外」になります。したがって，「study」の「 y の部分を i に変えて, es 」をつけます。

確かめよう！ ～3人称単数現在～ s のつけ方

（例）で覚えてしまいましょう。

基本	⇒	動詞の原形に（　）をつける	（例）like →（　　　）
語尾が「子音字+o」, s, x, ch, sh	⇒	動詞の語尾に（　）をつける	（例）go →（　　　）
語尾が子音字＋y	⇒	（　）を（　）にかえて（　）をつける	（例）study →（　　　）
その他	⇒	（　）な変化	（例）have →（　　　）

覚えることが沢山あって大変だなぁ～

ここで覚えるルールは次のシリーズ本で説明する「名詞の複数形」と、ほとんど同じなんだ。だから、ここを覚えると、名詞の複数形のときに楽になるよ！

覚えよう！

覚えよう！ ～動詞のing形のつくり方～

ポイント

原則：動詞のing形は，動詞の原形にingをつけるだけです。
　　　（例）play：play + ing = playing

例外1：動詞の語尾が「子音字＋e」の時は，e を消して ing をつけます。
　　　（例）write：writ + ing = writing

例外2：語尾が「短母音＋子音字」（1母音字＋1子音字）の時は，末尾のアルファベットを1字重ねて ing をつけます。
　　　（例）run：run + n（末尾のアルファベット）+ ing
　　　= running，swim：swim + m（末尾のアルファベット）+ ing = swimming

「例外2」は，「短母音」「子音」という言葉は無視して，「語尾に ing をつけるとき，末尾のアルファベットを1字重ねて，ing をつけることもある」とだけ覚えておくといいでしょう。そして，色々な英文に出会って，実際に該当する英単語が出てくれば，そのつど覚えていくといいでしょう。

応 用

母音は「短母音」と「長母音」に分けられます。大雑把に説明すると，短母音は「あいうえお」，長母音は「あー」「いー」や「あぃ」「えぃ」のようなものです。

確かめよう！〜動詞のing形のつくり方〜

ポイント
原則：動詞のing形は，(　　　)にingをつけるだけです。 　　　（例）play：(　　) + ing = (　　)
例外1：動詞の語尾が(　　)の時は，(　　)を消して ing をつけます。 　　　（例）write：(　　) + ing = (　　)
例外2：語尾が「短母音＋子音字」の時は，末尾の(　　)を(　　)字重ねて ing をつけます。 　　　（例）run：(　　) + ing = (　　) 　　　　　　swim：(　　) + ing = (　　)

覚えよう！

動詞のing形は，動詞にingをくっつけるだけではダメなんだなぁ〜

そうだね。「ingをつければOK」と覚えて，例外は英文で見かけるたびに暗記していくという感じでもいいよ。

覚えよう！ ～助動詞～ CD32

助動詞	意味
can（≒be able to～）	1. ～することができる（能力・可能） 2. ～してもよい〈can〉（許可・依頼）
may	1. ～してもよい（許可） 2. ～かもしれない（推量）
will（≒be going to～）	～でしょう（未来）
must	1. ～しなければならない（義務） 2. ～に違いない（確信）
should	～すべきだ（義務）
have to	～しなければならない（義務） ～する必要がある（必要）
had better	～した方がいい（忠告）

〈ポイント〉

① 語順は，「助動詞＋動詞の原形」，「助動詞＋be動詞の原形」になります。

② 3人称単数現在でも，s はつけません。

③ 実際の例文で覚えましょう。

確かめよう！〜助動詞〜

助動詞	意味
(≒be (　　) to〜)	1. 〜できる 2. 〜してもよい〈can〉
	1. 〜してもよい 2. 〜かもしれない
(≒be (　　) to〜)	〜でしょう
	1. 〜しなければならない 2. 〜に違いない
	〜すべきだ
	〜しなければならない 〜する必要がある
	〜した方がいい

助動詞	意味
can (≒be able to〜)	1. 2.
may	1. 2.
will (≒be going to〜)	
must	1. 2.
should	
have to	
had better	

覚えよう！

覚えよう！ ～動詞の過去形を規則的につくる～

〈ポイント〉

be動詞以外の動詞を過去の姿に変えるルールです。実際の例で覚えるようにしましょう！

原則	動詞の語尾に ed をつける	(例) help → helped
例外1：語尾が e の場合	動詞の語尾に d をつける	(例) arrive → arrived
例外2：語尾が「子音字＋y」の時	「y を i に変えて」、ed をつける	(例) cry → cried
例外3：語尾が「短母音＋子音字」の時	末尾のアルファベットを重ねて、ed をつける	(例) stop → stopped
例外4：特定のもの	不規則な変化	(→ p.182,184 参照)

例外2

子音字とは「母音字（aiueo）以外のアルファベット」のことです。つまり、動詞の語尾が「母音字（aiueo）以外のアルファベット ＋ y」になっている場合、「y を i に変えて」、ed をつけます。

　(例) cry → 語尾が「r（子音字）＋ y」→ cried
　　　study → 語尾が「d（子音字）＋ y」→ studied

例外3は、176ページと同じで、そのつど覚える方がいいでしょう。

例外4は、182～184ページにまとめています。ここは頑張って覚えるしかありませんが、似たような変化をするグループごとに覚えると楽ですよ。

確かめよう！〜動詞の過去形を規則的につくる〜

原則	動詞の（　）に（　）をつける	（例）help → （　　　　）
例外1：語尾がeの場合	動詞の語尾に（　）をつける	（例）arrive → （　　　　）
例外2：語尾が「子音字＋y」の時	（　）を（　）に変えて，（　）をつける	（例）cry → （　　　　）
例外3：語尾が「短母音＋子音字」の時	（　　　　）を重ねて，（　）をつける	（例）stop → （　　　　）
例外4：特定のもの	（　　）な変化	（→ p.182,184参照）

覚えよう！

覚えることが多すぎて，オラ，もうダメだぁ〜

確かに覚えることが多いよね。ただ，182ページのように「共通」していることもあるので，実際は，思うほど大変じゃないよ。頑張って！

覚えよう！ ～**動詞の過去形（不規則変化①）**～ CD33

動詞の過去形が「不規則に変化」することがあります。

例えば，

なる	become	－	became
来る	come	－	came
走る	run	－	ran

このように，動詞の過去の姿が違います。

次の動詞は，現在と過去の「姿と発音」が同じです。

切る	cut	－	cut
置く	put	－	put

現在と過去の姿が同じだけど，発音が違うものがあります。

読む	read	－	read
	［リード］		［レッド］

182

確かめよう！ ～動詞の過去形（不規則変化①）～

動詞の原形と過去形を答えましょう。

なる　　　（　　　　）－（　　　　　）
来る　　　（　　　　）－（　　　　　）
走る　　　（　　　　）－（　　　　　）

切る　　　（　　　　）－（　　　　　）
置く　　　（　　　　）－（　　　　　）

読む　　　（　　　　）－（　　　　　）

覚えよう！

ガンバレ!!

覚えよう！ 〜動詞の過去形（不規則変化②）〜

CD 34

始める	begin – began
壊す	break – broke
する	do – did
飲む	drink – drank
運転する	drive – drove
食べる	eat – ate
落ちる	fall – fell
得る	get – got
与える	give – gave
行く	go – went
育つ	grow – grew
忘れる	forget – forgot
知っている	know – knew
鳴らす	ring – rang
（例えば 太陽 が）昇る	rise – rose
見る	see – saw
歌う	sing – sang
話す	speak – spoke
泳ぐ	swim – swam
取る	take – took
目覚める	wake – woke
着る	wear – wore
書く	write – wrote

CD 35

持ってくる	bring – brought
建てる	build – built
買う	buy – bought
捕まえる	catch – caught
感じる	feel – felt
見つける	find – found
持つ，握る，掴む	hold – held
取っておく	keep – kept
学ぶ	learn – learned
学ぶ	learn – learnt
去る	leave – left
貸す	lend – lent
失う	lose – lost
作る	make – made
意味する	mean – meant
会う	meet – met
払う	pay – paid
言う	say – said
売る	sell – sold
送る	send – sent
眠る	sleep – slept
教える	teach – taught
話す，語る	tell – told
考える	think – thought
理解する	understand – understood
勝つ	win – won

石窟かめよう！

動詞の原形と過去形を答えましょう！

なる	(	)-( )	着る	(	)-( )
来る	(	)-( )	書く	(	)-( )
走る	(	)-( )	持ってくる	(	)-( )
切る	(	)-( )	建てる	(	)-( )
置く	(	)-( )	買う	(	)-( )
読む	(	)-( )	捕まえる	(	)-( )
			感じる	(	)-( )
始める	(	)-( )	見つける	(	)-( )
壊す	(	)-( )	持つ，握る，掴む		
する	(	)-( )		(	)-( )
飲む	(	)-( )	取っておく	(	)-( )
運転する	(	)-( )	学ぶ	(	)-( )
食べる	(	)-( )	学ぶ	(	)-( )
落ちる	(	)-( )	去る	(	)-( )
得る	(	)-( )	貸す	(	)-( )
与える	(	)-( )	失う	(	)-( )
行く	(	)-( )	作る	(	)-( )
育つ	(	)-( )	意味する	(	)-( )
忘れる	(	)-( )	会う	(	)-( )
知っている	(	)-( )	払う	(	)-( )
鳴らす	(	)-( )	言う	(	)-( )
（例えば　太陽　が）昇る			売る	(	)-( )
	(	)-( )	送る	(	)-( )
見る	(	)-( )	眠る	(	)-( )
歌う	(	)-( )	教える	(	)-( )
話す	(	)-( )	話す，語る	(	)-( )
泳ぐ	(	)-( )	考える	(	)-( )
取る	(	)-( )	理解する	(	)-( )
目覚める	(	)-( )	勝つ	(	)-( )

覚えよう！

[レベル1] 収録全英文

この本で学習した全ての英文です。
CDの音声を聞きながら,音読しましょう。

Lesson 6 CD2
私は本を読む。	I read a book.

Lesson 7 CD3
私は野球をする。	I play baseball.
私はその窓を開ける。	I open the window.
あなたは英語を勉強する。	You study English.
私はその店に入る。	I enter the shop.
私は写真をとる。	I take a picture.
私は飛行機の模型を買う。	I buy a model plane.
私は野球が好きです。	I like baseball.
あなたは英語を教える。	You teach English.

Lesson 8 CD4
ケロ蔵は学生です。	Kerozo is a student.
彼女は美しいです。	She is beautiful.
太郎は先生です。	Taro is a teacher.
あなたは正直だ。	You are honest.
その車は新しい。	The car is new.
彼は病気だ。	He is sick.
その花は美しい。	The flower is beautiful.
その噂は本当です。	The rumor is true.
その宝石は高価です。	The jewel is expensive.

Lesson 9 CD5
私は走る。	I run.
私はテレビを見る。	I watch TV.
彼は静かだ。	He is silent.
私はその部屋を掃除する。	I clean the room.
私はテニスが好きだ。	I like tennis.
私は泳ぐ。	I swim.
私は英語を勉強する。	I study English.

これはリンゴです。	This is an apple.
私はトムを知っている。	I know Tom.
信号は赤だ。	The traffic light is red.
私は英語を学ぶ。	I learn English.
その質問は難しい。	The question is difficult.

Lesson 10 CD6

ピョン太郎は野球をする。	Pyontaro plays baseball.

Lesson 11 CD7

ケロ蔵はペンを買う。	Kerozo buys a pen. / Kerozo buys the pen.

Lesson 12 CD8

彼はボールを持っている。	He has a ball.

Lesson 13 CD9

ケロ蔵は野球をする。	Kerozo plays baseball.
太郎は泳ぐ。	Taro swims.
これはペンです。	This is a pen.
彼は彼女を知っている。	He knows her.
その花は美しい。	The flower is beautiful.
あなたは英語を学ぶ。	You learn English.
彼女はその部屋を掃除する。	She cleans the room.
彼女はテニスが好きだ。	She likes tennis.
ナンシーは本を買う。	Nancy buys a book.
太郎は静かだ。	Taro is silent.
私はペンが欲しい。	I want a pen.

Lesson 14 CD10

私は野球をしている。	I am playing baseball.

Lesson 15 CD11

私はケロ蔵を知っている。	I know Kerozo.
彼は野球をしているところです。	He is playing baseball.
私はその車が欲しい。	I want the car.
彼女はその部屋を掃除している。	She is cleaning the room.
彼女はテニスをする。	She plays tennis.
彼は泳いでいる。	He is swimming.

覚えよう！

彼は先生です。	He is a teacher.
私は彼を知っている。	I know him.
その車は古い。	The car is old.
彼女は本を読んでいる。	She is reading a book.
花子は走っている。	Hanako is running.

Lesson 16 CD12

走ること   to run / running

Lesson 17 CD13

私は泳ぐことが好きです。   I like to swim. / I like swimming.

Lesson 18 CD14

教えることは難しい。	To teach is difficult. / Teaching is difficult.
彼は歩くことが好きです。	He likes to walk. / He likes walking.
教えることは簡単です。	To teach is easy. / Teaching is easy.
泳ぐのは難しい。	To swim is difficult. / Swimming is difficult.
私は走ることが好きです。	I like to run. / I like running.
太郎は泳ぐのが好きです。	Taro likes to swim. / Taro likes swimming.
学ぶことは面白い。	To learn is interesting. / Learning is interesting.
花子は走りはじめる。	Hanako starts to run. / Hanako starts running.

Lesson 19 CD15

赤い花   a red flower

Lesson 20 CD16

ケロ蔵は赤い車を運転している。   Kerozo is driving a red car.

Lesson 21 CD17

ゴルフは面白い。	Golf is interesting.
私は青い車を買う。	I buy a blue car.
これは赤い花です。	This is a red flower.
私は難しい本を持っている。	I have a difficult book.
その本は面白い。	The book is interesting.
教えることは難しい。	Teaching is difficult.
その車は古い。	The car is old.
私は赤い車が欲しい。	I want a red car.
彼は新しいペンを買う。	He buys a new pen.

Lesson 22 CD18
私はギターを弾くことができる。　　　I can play the guitar.

Lesson 23 CD19
ピョン太郎は歌を歌うことができる。　Pyontaro can sing a song.
彼は英語を勉強するかもしれない。　　He may study English.
私は英語を教えることができる。　　　I can teach English.
私は歌を歌うことができる。　　　　　I can sing a song.
太郎は泳ぐかもしれない。　　　　　　Taro may swim.
彼はサッカーをすることができる。　　He can play soccer.
あなたはテニスをした方がいい。　　　You had better play tennis.
彼らは図書館に行くかもしれない。　　They may go to the library.
彼は赤い車を買うかもしれない。　　　He may buy a red car.

Lesson 24 CD20
ケロ蔵は病気かもしれない。　　　　　Kerozo may be sick.
花子は先生かもしれない。　　　　　　Hanako may be a teacher.
彼は正直に違いない。　　　　　　　　He must be honest.
その車は新しいに違いない。　　　　　The car must be new.
彼は病気かもしれない。　　　　　　　He may be sick.
その噂は本当かもしれない。　　　　　The rumor may be true.
彼は新しい車を買うに違いない。　　　He must buy a new car.
太郎は赤い車を買うに違いない。　　　Taro must buy a red car.

Lesson 25 CD21
ケロ蔵は病気でした。　　　　　　　　Kerozo was sick.
その車は新しかった。　　　　　　　　The car was new.
私は病気だった。　　　　　　　　　　I was sick.
太郎は先生でした。　　　　　　　　　Taro was a teacher.
その噂は本当でした。　　　　　　　　The rumor was true.
あなたは正直だった。　　　　　　　　You were honest.
その花は美しかった。　　　　　　　　The flower was beautiful.
その車は古いに違いない。　　　　　　The car must be old.
彼はその赤い車が好きです。　　　　　He likes the red car.

Lesson 26 CD22
ピョン太郎はテニスをした。　　　　　Pyontaro played tennis.
彼は写真をとった。　　　　　　　　　He took a picture.

覚えよう！

189

私は英語を教えた。	I taught English.
太郎はその窓を開けた。	Taro opened the window.
私は飛行機の模型を買った。	I bought a model plane.
彼は野球が好きでした。	He liked baseball.
あなたは英語を勉強した。	You studied English.
私はその店に入った。	I entered the shop.
彼は親切だった。	He was kind.

Lesson 27 CD23

ピョン太郎はバレーボールをするでしょう。
　　Pyontaro will play volleyball. / Pyontaro is going to play volleyball.
彼は野球をするでしょう。
　　He will play baseball. / He is going to play baseball.
彼女は新しい車を買うでしょう。
　　She will buy a new car. / She is going to buy a new car.
太郎はその本を売るでしょう。
　　Taro will sell the book. / Taro is going to sell the book.

これは彼の車に違いない。	This must be his car.
私は新しい車を買った。	I bought a new car.

Lesson 28 CD24

本を読むこと	to read a book / reading a book
英語を勉強すること	to study English / studying English
走ること	to run / running
ボールを投げること	to throw a ball / throwing a ball
泳ぐこと	to swim / swimming
英語を教えること	to teach English / teaching English
学校に行くこと	to go to school / going to school
音楽を聞くこと	to listen to music / listening to music
テレビを見ること	to watch TV / watching TV
手紙を書くこと	to write a letter / writing a letter
ギターを弾くこと	to play the guitar / playing the guitar

Lesson 29 CD25

ピョン太郎は音楽を聞くことが好きです。
　　Pyontaro likes to listen to music. / Pyontaro likes listening to music.

Lesson 30 CD26
野球をすることは面白い。
　To play baseball is interesting. / It is interesting to play baseball. /
　Playing baseball is interesting.
英語を教えることは難しい。
　It is difficult to teach English. / Teaching English is difficult.
英語を勉強することは面白い。
　It is interesting to study English. / Studying English is interesting.
彼女は音楽を聞くことが好きです。
　She likes to listen to music. / She likes listening to music.
私は走ることが好きです。
　I like to run. / I like running.
泳ぐことは面白い。
　It is interesting to swim. / Swimming is interesting.
彼女は手紙を書き始めた。
　She began to write a letter. / She began writing a letter.

Lesson 31 CD27
音楽を聞いている少年	the boy listening to music
テレビを見ている少女	the girl watching TV
ボールを投げている少年	the boy throwing a ball
ギターを弾いている少年	the boy playing the guitar
音楽を聞いている少女	the girl listening to music
手紙を書いている少女	the girl writing a letter
野球をしている少年	the boy playing baseball

Lesson 32 CD28
私はサッカーをしている少年を見た。	I saw the boy playing soccer.

Lesson 33 CD29
ボールを投げている少年はケン蔵です。	The boy throwing a ball is Kenzo.
彼は音楽を聞いている少女を見た。	He saw the girl listening to music.
テレビを見ている少女は花子です。	The girl watching TV is Hanako.
彼は野球をしている少年を見た。	He saw the boy playing baseball.
彼女はギターを弾いている少年を見た。	She saw the boy playing the guitar.
ボールを投げている少年は私の弟です。	The boy throwing a ball is my brother.
手紙を書いている少女は私の妹です。	The girl writing a letter is my sister.
ピアノを弾いている少女はミホです。	The girl playing the piano is Miho.

覚えよう！

著者プロフィール

石崎 秀穂 ISHIZAKI Hideho

1974年生まれ。神戸大学卒業。「究極のわかりやすさ」という理念のもと，様々なジャンルの本を執筆し，ホームページやメールマガジンも運営。
著書に『マンガで学ぶ小学生英語ドリル』(マガジンハウス)，『眺めてわかる英語の本』(あさ出版)，『もう一度中学英語』(日本実業出版社) 等がある。
プロフィールの詳細：http://www.pugu8.com/profile/

復習のための練習問題 公開中！
- パソコン用：http://www.ekaeru.com/
- 携帯サイト：http://www.ekaeru.com/i/index.html

ブックデザイン	：山田 武
イラスト	：永木 美帆
校正・編集協力	：入江 泉
企画協力	：望月 芳子（NPO法人 企画のたまご屋さん）
CD制作	：(株)巧芸創作
CDDJ	：Joseph

基本にカエル英語の本 英文法入門 [レベル1]

2007年 7月19日　初版第1刷発行
2013年 3月15日　第 8 刷 発 行

著　者　　石崎 秀穂
発行者　　小林 卓爾
発行所　　株式会社スリーエーネットワーク
　　　　　〒102-0083　東京都千代田区麹町3丁目4番
　　　　　　　　　　　　トラスティ麹町ビル2F
　　　　　電話：03-5275-2722（営業）
　　　　　　　　03-5275-2726（編集）
　　　　　http://www.3anet.co.jp/
印刷所　　株式会社シナノ

万一，落丁乱丁のある場合はお取替えいたします。
本書の一部あるいは全部を無断で複写複製することは，法律で認められた場合を除き，著作権の侵害となります。

© 2007　ISHIZAKI HIDEHO

Printed in Japan　　　　　　ISBN978-4-88319-428-5　C0082